Widmung

Dieses Buch ist den unbesungenen Helden jeder Organisation gewidmet: den Führungskräften an vorderster Front, die oft übersehen werden, aber das Rückgrat jedes erfolgreichen Unternehmens sind. Den Arbeitern, die schon vor dem Morgengrauen ankommen, um das Fundament unserer Welt zu legen, einen Ziegelstein, einen Nagel, einen Balken nach dem anderen. An die Empfangsmitarbeiter, die die erste Anlaufstelle sind und das Gesicht und die Stimme der Organisation verkörpern: Ihre Rolle bei der Prägung des ersten Eindrucks ist von unschätzbarem Wert.

An die Beschäftigten im Einzelhandel, die Helfer im Gesundheitswesen, die Kundendienstmitarbeiter, die Auslieferungsfahrer und all diejenigen, die oft im Verborgenen arbeiten, ohne die das System aber zusammenbrechen würde: Dies ist für Sie. Ihre Führungsqualitäten an der Basis haben die Macht, zu beeinflussen und zu inspirieren, und sie verdienen Anerkennung und Respekt.

Sie sind der Beweis dafür, dass Führungskräfte nicht immer in Vorstandsetagen sitzen oder auf Podien stehen. Manchmal sind sie die ersten, die morgens das Licht anmachen, und die letzten, die abends abschließen. Ihre Arbeit mag hart sein, Ihre Stunden lang, aber Sie sollten wissen, dass Ihr Einfluss unermesslich und Ihre Führungsqualitäten von unschätzbarem Wert sind.

Sie sind die wahren Führungspersönlichkeiten an vorderster Front, und dieses Buch soll Ihnen die Mittel an die Hand geben, um sich auszuzeichnen, von dort aus zu führen, wo Sie sich befinden, und Ihr unauslöschliches Zeichen zu setzen. Ich danke Ihnen für Ihren Dienst, Ihr Engagement und vor allem für Ihre Führungsqualitäten.

Vorwort

In der sich schnell verändernden Arbeitswelt von heute wird Führung oft mit Titeln, Chefsesseln und Eckbüros in Verbindung gebracht. Doch einige der wirkungsvollsten Führungsaufgaben finden weit entfernt von diesen Orten statt - direkt an der Front von Organisationen. "Leading from the Front Line: A Guide to Bottom-Up Leadership" (Ein Leitfaden zur Führung von unten nach oben) möchte diese unterschätzte Form der Führung beleuchten, die jeden Tag in jedem Sektor stattfindet, vom Gesundheitswesen bis zur Fertigung, vom Einzelhandel bis zur Technologie.

Dieses Buch ist ein umfassender Leitfaden, der Sie, die Führungskräfte an der Front, mit den Fähigkeiten, Strategien und der Denkweise ausstattet, die Sie für Ihren Erfolg benötigen. Ganz gleich, ob Sie ein Arbeiter, eine Empfangsdame oder eine beliebige Rolle dazwischen sind, dieses Buch erkennt Ihre einzigartige Position an, um sinnvolle Veränderungen zu bewirken, und möchte Sie dazu befähigen, dies zu tun.

Zunächst werden wir untersuchen, was Bottom-up-Führung ist und warum sie wichtig ist. Wir werden uns mit den Eigenschaften befassen, die eine gute Führungskraft ausmachen, und Strategien für eine effektive Führung vorstellen, die von emotionaler Intelligenz bis zu adaptiven Führungsstilen reichen. Es werden praktische Werkzeuge und Techniken vermittelt, die Ihnen helfen, die Komplexität Ihrer Rolle zu bewältigen, einschließlich effektiver Kommunikationsmethoden, Zeitmanagement und dem Aufbau einer starken Teamkultur.

Aber es geht nicht nur um die Theorie; dieses Buch enthält auch Fallstudien aus der Praxis, die diese Prinzipien zum Leben erwecken und Einzelpersonen vorstellen, die in ihren Organisationen etwas bewegt haben, und das alles ohne einen ausgefallenen Titel. Darüber hinaus erforschen wir, wie man sich auf dem oft heiklen Terrain der Büropolitik zurechtfindet und diskutieren die Zukunft der Bottom-up-Führung.

Am Ende dieses Buches werden Sie ein neues Verständnis dafür entwickeln, was Führung wirklich bedeutet, und Sie werden das Selbstvertrauen haben, an jeder Stelle einer Organisation zu führen. Bei der Führung geht es nicht darum, wo man steht; es geht darum, wofür man steht. Und dieses Buch ist eine Hommage an alle, die für mehr stehen als nur für eine Berufsbezeichnung - Sie stehen dafür, etwas zu bewegen.

Willkommen zu Ihrem Leitfaden, wie Sie an vorderster Front führen können.

Einführung

Stellen Sie sich ein Schiff vor - riesig, kompliziert und voller Potenzial. Wen stellen Sie sich nun vor, der dieses Schiff an sein Ziel steuert? Ein Kapitän auf dem Oberdeck vielleicht? Aber was wäre, wenn ich Ihnen sagen würde, dass ein Teil der entscheidenden Steuerung unter Deck stattfindet, im Maschinenraum und unter den Decksarbeitern, die die Segel warten? In Organisationen, genau wie auf Schiffen, findet Führung nicht nur an der Spitze statt; sie kommt auch von denen, die tief in der Mannschaft sitzen - denjenigen an der Front, die die Ecken und Kanten des täglichen Betriebs kennen.

In diesem Buch geht es um diese besondere und kraftvolle Form der Führung: die Führung von der vordersten Front oder vom unteren Ende der Unternehmenshierarchie. Dieser Bottom-up-Ansatz ist keineswegs "weniger" als die traditionelle Führung, sondern bietet einzigartige Stärken und Wirkungsmöglichkeiten, die in der Unternehmenswelt oft übersehen werden.

Betrachten Sie sich also beim Durchblättern dieser Seiten nicht nur als ein Rädchen im Getriebe, sondern als jemanden, der das Schiff von seinem Standort aus steuern kann. Willkommen auf der Reise der Führung von der Frontlinie aus.

In einer Welt, in der CEOs, Gründer und hochrangige Beamte oft mit Lob überschüttet werden, übersieht man leicht den immensen Wert, den Führungskräfte an der Front für ein Unternehmen haben. Das sind die Personen, die direkt mit Produkten, Dienstleistungen und vor allem mit den Menschen zu tun haben, die ein Unternehmen ausmachen - seine Kunden und seine Teammitglieder. Sie verfügen über ein unvergleichliches Verständnis der realen Gegebenheiten, der feinen Nuancen, die eine Strategie zum Erfolg oder zum Desaster machen können. Daher ist die Führung von der Spitze aus nicht nur ein interessanter Gedanke, sondern für die allgemeine Gesundheit und den Erfolg eines jeden Unternehmens absolut unerlässlich.

Von der betrieblichen Effizienz bis zur Kundenzufriedenheit - der Einfluss einer Führungskraft an vorderster Front wirkt sich auf die gesamte Organisationsstruktur aus. Diese Form der Führung trägt dazu bei, die Kluft zwischen der Entscheidungsfindung der Führungskräfte und der Umsetzung vor Ort zu überbrücken. Führungspersönlichkeiten an der vordersten Front können in Echtzeit Einblicke in den aktuellen Stand der Dinge geben und so helfen, fundiertere und flexiblere Entscheidungen zu treffen. Sie sind nicht nur die Ausführenden der von oben verordneten Maßnahmen, sondern auch die Augen, Ohren und manchmal auch das Gewissen eines Unternehmens.

Wenn Sie die vorhandene Literatur zum Thema Führung durchsehen, werden Sie eine eklatante Lücke feststellen. Die meisten Theorien, Seminare und Bücher konzentrieren sich auf Top-down-Modelle der Führung. Wie man ein besserer Manager wird, wie man die Unternehmensstrategie umsetzt und wie man auf der Führungsebene innovativ ist - das sind die Themen, die Aufmerksamkeit erregen. Obwohl diese Aspekte unbestreitbar wichtig sind, erzählen sie nur die halbe Geschichte. Sie vernachlässigen oft die alltägliche Führungsarbeit, die von den Mitarbeitern an der Front geleistet wird, die strategische Visionen Wirklichkeit werden lassen.

Dieses Buch soll diese Lücke füllen, indem es die Kunst und Wissenschaft der Führung von unten nach oben beleuchtet. Wenn Sie sich in die Kapitel vertiefen, werden Sie feststellen, dass die Führung an vorderster Front keine minderwertige Form des Managements ist, sondern vielmehr eine ergänzende und ebenso wichtige Form, ein Team und eine Organisation zum Erfolg zu führen.

Indem wir uns auf diese oft vernachlässigte Form der Führung konzentrieren, können wir neue Wege für Innovation, Engagement und hervorragende Leistungen erschließen, und zwar genau dort, wo das Geschehen stattfindet - an vorderster Front.

Bei der Lektüre dieses Buches können Sie davon ausgehen, dass Sie sich mit einem robusten Toolkit ausstatten, das für eine wirkungsvolle Führung an vorderster Front entwickelt wurde. Sie werden nicht nur abstrakte Konzepte oder Theorien lernen; dieses Buch soll Ihnen umsetzbare Erkenntnisse liefern, die Sie direkt in Ihrem Arbeitsumfeld anwenden können, unabhängig von Ihrer Branche oder Rolle.

Zunächst erhalten Sie ein umfassendes Verständnis der wichtigsten Eigenschaften, die eine effektive Führungskraft ausmachen. Von emotionaler Intelligenz bis hin zu Eigeninitiative werden wir die Eigenschaften analysieren, die Sie kultivieren können, um in Ihrer Führungslaufbahn erfolgreich zu sein. Sie lernen, wie Sie eine Beziehung zu Ihrem Team aufbauen, Konflikte effektiv bewältigen und die Arbeitsmoral steigern können, ohne dabei die Unternehmensziele aus den Augen zu verlieren.

Zweitens werden wir uns mit den Strategien befassen, die sich als wirksam erwiesen haben, um an der Spitze zu stehen. Sie werden lernen, wie Sie Ihren Führungsstil an verschiedene Situationen anpassen, wie Sie Ihr Team motivieren und sogar wie Sie die oft heiklen Gewässer der Büropolitik durchschiffen können. Ob es darum geht, eine Vision zu entwickeln, schwierige Entscheidungen zu treffen oder mit Rückschlägen umzugehen - hier finden Sie eine Vielzahl von Ansätzen mit ihren Vor- und Nachteilen.

Aber wir beschränken uns nicht darauf, Ihnen zu sagen, was funktioniert, sondern wir zeigen Ihnen, wie Sie es tun können. Das Buch enthält eine Vielzahl praktischer Werkzeuge und Techniken, die Ihre Führungsqualitäten verbessern. Von Zeitmanagement-Frameworks bis hin zu Kommunikations-Hacks lernen Sie, wie Sie in Ihrer Rolle effizienter und effektiver sein können.

Beispiele aus der Praxis und Fallstudien vermitteln Ihnen ein konkretes Gefühl dafür, wie sich Bottom-up-Führung in verschiedenen Umgebungen manifestieren kann. Sie werden Geschichten von echten Menschen lesen, die in ihren Organisationen einen bedeutenden Einfluss ausgeübt haben, obwohl sie keine traditionellen Führungsrollen innehaben. Diese

Beispiele dienen der Inspiration, aber sie zeigen auch, wie die Grundsätze und Strategien auf unterschiedliche Weise angewendet werden können.

Dieses Buch ist als umfassender Leitfaden für die Entwicklung zu einer herausragenden Führungskraft an vorderster Front gedacht. Es soll Ihnen nicht nur das "Was" und das "Warum" vermitteln, sondern vor allem auch das "Wie", wie Sie von Ihrem Standort aus führen können. Mit jeder Seite, die Sie umblättern, gewinnen Sie nicht nur Wissen, sondern auch die Kraft, etwas zu bewirken.

Dieses Buch richtet sich in erster Linie an diejenigen, die oft die unbesungenen Helden eines Unternehmens sind - Arbeiter, Rezeptionisten, Kundendienstmitarbeiter und andere Mitarbeiter an der Front. Wenn Sie jemand sind, der direkt mit Produkten, Dienstleistungen oder Kunden zu tun hat, ist dieses Buch für Sie. Sie befinden sich in einer einzigartigen Position, um die greifbarsten Aspekte Ihres Unternehmens zu beeinflussen, und dieses Buch soll Ihnen helfen, diesen Einfluss effektiv zu nutzen. Der Anwendungsbereich dieses Buches ist jedoch nicht nur auf Mitarbeiter der ersten Reihe beschränkt. Manager, Teamleiter und sogar C-Suite-Führungskräfte können wertvolle Erkenntnisse aus dem Verständnis der Nuancen der Bottom-up-Führung gewinnen. Auch wenn Sie vielleicht bereits mit der Führung von oben vertraut sind, kann das Erfassen der Perspektiven, Herausforderungen und Vorteile der Führung von der Frontlinie aus Sie zu einer einfühlsameren und effektiveren Führungskraft machen. Es kann Ihnen helfen, die Führungsqualitäten Ihrer Teammitglieder zu erkennen und zu fördern, unabhängig von deren Rolle, und so eine dynamischere, reaktionsfähigere und widerstandsfähigere Organisation zu schaffen.

Personalverantwortliche und Experten für Organisationsentwicklung werden dieses Buch als nützlich für die Ausarbeitung von Richtlinien und Schulungsprogrammen empfinden, die eine Kultur der Führung auf allen Ebenen fördern. Indem Sie die Grundsätze der Bottom-up-Führung in Ihr Unternehmensethos integrieren, können Sie eine engagiertere und engagiertere Belegschaft herbeiführen.

Ganz gleich, ob Sie am Anfang Ihrer Karriere stehen, den nächsten Schritt machen wollen oder in einer Position sind, in der Sie Einfluss auf organisatorische Veränderungen nehmen können - das Verständnis für die Macht der Führung von der ersten Reihe aus kann Ihnen einen neuen, praxisnahen Ansatz für die Führung bieten - einen, der den Einfluss, den wir alle haben können, anerkennt und würdigt, ganz gleich, wo wir im Organigramm stehen.

Wenn Sie sich auf den Weg machen, die Führung an vorderster Front zu erkunden, ist es hilfreich zu wissen, was auf Sie zukommt. Das Buch ist als umfassender Leitfaden aufgebaut, der Sie von den grundlegenden Konzepten bis zur Beherrschung ausgefeilter Techniken führt.

Die Reise beginnt mit Kapitel 1, in dem die Idee der Bottom-up-Führung vorgestellt wird. In diesem Kapitel wird zwischen der traditionellen Top-down-Führung und dem Bottom-up-Ansatz, der im Mittelpunkt dieses Buches steht, unterschieden. Kapitel 2 befasst sich dann mit den spezifischen Eigenschaften, die eine effektive Führungskraft ausmachen. Ob es sich um emotionale Intelligenz oder die Fähigkeit handelt, die Initiative zu ergreifen, dieses Kapitel vermittelt Ihnen ein tiefes Verständnis der Eigenschaften, auf die es ankommt.

Kapitel 3 und Kapitel 4 befassen sich mit den differenzierteren Aspekten der Führung. Während sich Kapitel 3 auf die Bedeutung des Aufbaus von Beziehungen innerhalb von Teams und der gesamten Organisation konzentriert, bietet Ihnen Kapitel 4 umsetzbare Strategien für eine effektive Kommunikation - eine Schlüsselqualifikation für jede Führungskraft, aber besonders wichtig für diejenigen, die an vorderster Front stehen.

In Kapitel 5 werden Sie mit den Erkenntnissen vertraut gemacht, die Sie für die Entscheidungsfindung und Problemlösung in Situationen mit hohem Stressfaktor oder begrenzten Ressourcen benötigen. Kapitel 6 führt Sie in verschiedene Führungsstile ein und zeigt Ihnen, wie Sie Ihren Ansatz je nach Situation oder Teamdynamik anpassen können.

Für diejenigen, die nach praktischen Tipps suchen, ist Kapitel 7 eine Fundgrube von Werkzeugen und Techniken, die im Führungsalltag angewendet werden können. Ob Projektmanagement oder Zusammenarbeit im Team, dieses Kapitel enthält die wesentlichen Fähigkeiten, die Sie benötigen. Kapitel 8 nimmt eine andere Wendung und bietet Ihnen einen Leitfaden für den Umgang mit der Büropolitik, einer der komplexeren, aber unvermeidlichen Facetten eines jeden Arbeitsumfelds.

Gegen Ende des Buches werden in Kapitel 9 anhand von Fallstudien Beispiele aus der Praxis vorgestellt, die zeigen, wie Frontline Leadership in verschiedenen Branchen und Funktionen praktiziert wird. Kapitel 10 schließlich wirft einen Blick auf die Zukunft der Bottom-up-Führung und hilft Ihnen, mit neuen Trends und Möglichkeiten Schritt zu halten.

Am Ende des Buches werden Sie ein umfassendes Verständnis dafür gewonnen haben, was es braucht, um eine effektive Führungskraft an vorderster Front zu sein. Jedes Kapitel dient als Sprungbrett für das nächste, um ein vollständiges Bild der Führung von Grund auf zu vermitteln.

Während Sie sich auf die folgenden Kapitel vorbereiten, denken Sie daran, dass dieses Buch nicht nur ein Kompendium von Theorien und Konzepten ist, sondern ein praktischer Leitfaden mit umsetzbaren Erkenntnissen. Ihre Reise als Führungskraft beginnt jetzt und nicht irgendwann in der Zukunft, wenn Sie eine bestimmte Berufsbezeichnung oder Gehaltsstufe erreicht haben. Die Strategien, Werkzeuge und Beispiele, die Sie auf diesen Seiten finden, sind für die sofortige Anwendung konzipiert. Sie sollen Sie in die Lage versetzen, an jedem Ort in Ihrem Unternehmen sofort wirksame Veränderungen vorzunehmen.

Nehmen Sie sich die Zeit, sich intensiv mit dem Material zu beschäftigen. Überfliegen Sie das Material nicht nur, sondern überlegen Sie, wie jedes Konzept, jede Strategie und jede Fallstudie mit Ihren eigenen Erfahrungen zusammenhängt. Probieren Sie die Instrumente und Techniken in Ihrem

Arbeitsalltag aus. Experimentieren Sie mit verschiedenen Führungsstilen. Je aktiver Sie sich an Ihrem eigenen Lernen beteiligen, desto mehr werden Sie von diesem Buch profitieren.

Aber darüber hinaus sollten Sie diese neu gewonnenen Fähigkeiten und Erkenntnisse nicht für sich behalten. Teilen Sie sie mit Ihrem Team, besprechen Sie sie mit Ihren Kollegen und machen Sie sogar die Vorgesetzten in Ihrem Unternehmen darauf aufmerksam. Die Grundsätze der Bottom-up-Führung sind dann am wirksamsten, wenn sie ein Unternehmen durchdringen und eine Kultur der Befähigung von Menschen auf allen Ebenen schaffen.

Auf dem Weg zu einer effektiven Führungskraft an der Front geht es um viel mehr als nur um persönliches Wachstum - es geht darum, zu einer dynamischeren, reaktionsfähigeren und erfolgreicheren Organisation beizutragen. Wenn Sie also jede Seite umblättern, sollten Sie wissen, dass Sie nicht nur ein Buch lesen, sondern einen aktiven Schritt tun, um eine Führungskraft zu werden, die einen bedeutenden Unterschied macht. Gehen Sie diesen Schritt mit ganzem Herzen.

Zum Abschluss dieser Einführung lohnt es sich, noch einmal darauf einzugehen, warum der Fokus auf Bottom-up- oder Frontline-Führung so wichtig ist. Traditionelle Führungsmodelle, die häufig von oben nach unten ausgerichtet sind, wurden in der vorhandenen Literatur ausführlich behandelt, aber sie erzählen nur einen Teil der Geschichte. Dieses Buch füllt eine wichtige Lücke, indem es das ungenutzte Potenzial an der vordersten Front jeder Organisation beleuchtet. Die Wirkung, die Sie von diesen Positionen aus erzielen können, ist nicht nur beträchtlich, sie ist transformativ.

Dieses Buch soll Ihnen als umfassender Leitfaden dienen, um diese Form der Führung zu verstehen und zu meistern. Sie lernen die Eigenschaften kennen, die Führungskräfte an vorderster Front auszeichnen, die Strategien, die Sie effektiver machen, und die Instrumente, die Sie nutzen können, um die Komplexität Ihrer Rolle zu bewältigen. Über das Wissen hinaus enthält das Buch eine Fülle von Erkenntnissen, die Sie in Ihrer täglichen Arbeit anwenden können und die Sie in die Lage versetzen, eine unmittelbare Wirkung zu erzielen.

Wenn wir nun zum ersten Kapitel übergehen, bereiten Sie sich auf einen tiefen Einblick in die Welt der Führung an vorderster Front vor. Die Reise, die vor Ihnen liegt, wird Ihre Vorurteile herausfordern, Sie mit neuen Fähigkeiten ausstatten und Sie zum Handeln inspirieren. Machen Sie sich darauf gefasst, dass Sie unabhängig von Ihrer Position in der Organisationshierarchie die Macht haben, zu führen und etwas zu bewirken. Lassen Sie uns beginnen.

Kapitel 1: Die Bedeutung der Bottom-Up-Führung

Im Rahmen dieses Buches haben wir uns vorgenommen, einen transformativen, aber oft übersehenen Ansatz zur Führung zu erforschen, der nicht von den obersten Rängen der Unternehmensleiter ausgeht, sondern von der Frontlinie. Dieser Fokus auf die Bottom-up-Führung bietet eine neue, nuancierte Sichtweise darauf, wie effektive Führung aussehen kann und wo sie in einer Organisation zu finden ist. Ziel dieses ersten Kapitels ist es, die Grundlage zu schaffen, indem aufgezeigt wird, warum diese Form der Führung so entscheidend für den Erfolg und die Anpassungsfähigkeit moderner Organisationen ist.

Die Vorstellung, dass wichtige Entscheidungen nur in den Chefetagen getroffen werden, ist eine einschränkende Vorstellung, die die Effektivität eines Unternehmens beeinträchtigt. Diese traditionelle Denkweise übt einen unangemessenen Druck auf einige wenige aus, die den Weg des gesamten Unternehmens diktieren, während gleichzeitig das Potenzial der Mitarbeiter auf allen Ebenen nicht voll ausgeschöpft wird. Die Realität ist viel dynamischer. Die Entscheidungsfindung ist ein verteilter Prozess, und Mitarbeiter, die direkt mit den Produkten, Dienstleistungen und Kunden des Unternehmens zu tun haben, verfügen über eine einzigartige, bodennahe Perspektive, die für fundierte Entscheidungen von unschätzbarem Wert ist.

Denken Sie an die vielen Entscheidungen, die täglich getroffen werden, von der Beantwortung von Kundenanfragen und der Lösung technischer Probleme bis hin zur Verwaltung von Arbeitsabläufen und der Gewährleistung von Qualität. Die Entscheidung eines Einzelhandelsmitarbeiters, die Regale auf eine bestimmte Weise aufzufüllen, kann das Kaufverhalten der Kunden beeinflussen. Eine Krankenschwester, die in einer kritischen

Situation eine Entscheidung trifft, kann über Leben und Tod entscheiden. Diese "Mikroentscheidungen", die von Mitarbeitern an der Front getroffen werden, sind wie Fäden, die, wenn sie miteinander verwoben sind, das Gewebe der Unternehmenskultur, der betrieblichen Effizienz und letztlich des Erfolgs bilden.

Wenn Unternehmen diese Beiträge als unbedeutend abtun, entgeht ihnen eine ganze Reihe von Einsichten, Innovationen und Problemlösungsfähigkeiten. Wenn Unternehmen die Entscheidungsfähigkeit auf allen Ebenen anerkennen und fördern, verteilen sie nicht nur die Verantwortung neu, sondern diversifizieren auch die Arten von Intelligenz und Kreativität, die auf Herausforderungen und Chancen angewendet werden. Mit anderen Worten: Sie kultivieren eine Form von kollektiver Weisheit und Anpassungsfähigkeit, die mit einer Führung von oben nach unten allein nicht zu erreichen ist.

Stellen Sie sich einen Arbeitsplatz vor, an dem jeder Mitarbeiter, unabhängig von seiner Funktion, das Gefühl hat, Entscheidungen treffen zu können, die mit den Unternehmenszielen übereinstimmen. Eine solche Kultur bringt nicht nur engagiertere Mitarbeiter hervor, sondern führt auch zu einem widerstandsfähigeren und flexibleren Unternehmen. Sie ermöglicht es den Unternehmen, sich rasch an Marktveränderungen anzupassen, Probleme kreativer zu lösen und unterschiedliche Sichtweisen für Innovationen zu nutzen.

Die Anerkennung von Talenten in allen Bereichen ist nicht nur ein egalitärer Grundsatz, sondern ein wirtschaftliches Gebot. Die Führung an vorderster Front ist daher ein Eckpfeiler für die Schaffung einer flexibleren, reaktionsfähigeren und erfolgreicheren Organisation. Indem wir uns von dem Mythos verabschieden, dass nur die obersten Führungskräfte sinnvolle Entscheidungen treffen können, ebnen wir den Weg für eine dynamischere und integrativere Form der Führung.

Führungskräfte an der Front sind ein wichtiges Bindeglied zwischen der oberen Führungsebene und der breiten Belegschaft und fungieren als Dolmetscher, Übersetzer und

Verhandlungsführer. Sie stehen an der Schnittstelle zwischen Strategie und Ausführung, Vision und Realität. Sie sind gewissermaßen Organisationsdiplomaten, deren Aufgabe es ist, unterschiedliche Sichtweisen, Bedürfnisse und Prioritäten in Einklang zu bringen, um ein kohärentes, effektives Arbeitsumfeld zu schaffen.

Effektive Kommunikation ist der Eckpfeiler dieser Vermittlerrolle. Führungskräfte an der vordersten Front sind oft die ersten, die die Anliegen und Ideen der Teammitglieder hören, was ihnen die einzigartige Fähigkeit verleiht, diese Erkenntnisse an die obere Führungsebene weiterzugeben. In der umgekehrten Richtung sind sie auch dafür verantwortlich, die übergeordneten Unternehmensziele in konkrete Maßnahmen für ihr Team umzusetzen. Dieser wechselseitige Informationsfluss ist nicht nur eine reine Datenübermittlung, sondern das Herzblut, das eine lebendige, abgestimmte und produktive Unternehmenskultur aufrechterhält.

Wenn das strategische Ziel eines Unternehmens beispielsweise darin besteht, die Kundenzufriedenheit zu verbessern, könnte eine Führungskraft im Einzelhandel dies in konkrete Maßnahmen für ihr Team umsetzen: vielleicht die Einführung eines neuen Systems zur schnelleren Abfertigung der Kunden oder die Erstellung eines Protokolls zur effizienteren Bearbeitung von Beschwerden. Ebenso kann das Feedback des Teams zu den Herausforderungen, denen es bei der Umsetzung dieser Maßnahmen gegenübersteht, an das obere Management weitergeleitet werden, um Strategien zu überarbeiten oder Ressourcen zuzuweisen.

Die Fähigkeit, umfassende Unternehmensziele in umsetzbare Aufgaben umzuwandeln, ist eine der wichtigsten Funktionen einer Führungskraft an vorderster Front. Sie zerlegen komplexe Ziele in kleinere, besser handhabbare Teile, die ihr Team ausführen kann. Dieser Übersetzungsprozess erfordert ein ausgeprägtes Verständnis sowohl für das große Ganze als auch für die kleinen Details des Tagesgeschäfts. Es geht darum, das "Was" der oberen Führungsebene mit dem "Wie" an der Front in Einklang zu bringen, um sicherzustellen, dass alle auf das gleiche Ziel hinarbeiten, aber die Flexibilität haben, ihre eigenen Fähigkeiten und Erkenntnisse auf die jeweilige Aufgabe anzuwenden.

Indem sie als effektive Vermittler fungieren, ermöglichen sie es Organisationen, flexibler, reaktionsfähiger und einheitlicher zu sein. Sie sorgen dafür, dass Strategie und Handeln aufeinander abgestimmt sind, dass sich die Teammitglieder gehört und geschätzt fühlen und dass die obere Führungsebene ein klares Verständnis der betrieblichen Realitäten erhält. Im Wesentlichen überbrücken sie Lücken, die andernfalls zu Ineffizienzen, Missverständnissen oder verpassten Chancen führen könnten, und spielen so eine unverzichtbare Rolle für die allgemeine Gesundheit und den Erfolg des Unternehmens.

Emotionale Intelligenz spielt eine wichtige Rolle bei der Führung an vorderster Front, insbesondere in der Funktion als Vermittler zwischen den verschiedenen Ebenen einer Organisation. Emotionale Intelligenz beinhaltet im Kern die Fähigkeit, emotionale Informationen von sich selbst und anderen zu erkennen, zu verstehen, zu steuern und effektiv zu nutzen. Diese Fähigkeit ist für Führungskräfte an vorderster Front von entscheidender Bedeutung, da sie die Feinheiten des menschlichen Verhaltens und der Interaktion in einem komplexen organisatorischen Umfeld beherrschen müssen.

Die Rolle einer Führungskraft an vorderster Front ist vielfältig, doch ein entscheidender Aspekt, der oft übersehen wird, ist ihre Fähigkeit, die emotionalen und psychologischen Bedürfnisse ihres Teams zu verstehen. Führungskräfte an vorderster Front, die über eine hohe emotionale Intelligenz verfügen, sind in dieser Hinsicht besonders effektiv. Sie verfügen über einen angeborenen Sinn für Empathie und eine scharfe Beobachtungsgabe, die es ihnen ermöglicht, die subtileren Aspekte der Teamdynamik zu erkennen, die anderen möglicherweise entgehen.

Wenn ein Teammitglied ein Anliegen äußert, ist es oft mit zusätzlichen, unausgesprochenen Problemen behaftet. Ein emotional intelligenter Vorgesetzter kann zwischen den Zeilen lesen, um nicht nur das explizite Problem zu erkennen, über das berichtet wird, sondern auch die zugrundeliegenden Bedenken, die vielleicht nicht sofort ersichtlich sind. Wenn sich beispielsweise ein Teammitglied über die Arbeitsbelastung beschwert, kann die Führungskraft erkennen, dass das Problem nicht nur in der Menge der Arbeit liegt, sondern vielleicht auch darin, dass sie sich wiederholt, dass sie keine Herausforderung darstellt oder dass es keine Möglichkeiten zur Entwicklung von Fähigkeiten gibt. Dieses tiefere Verständnis ermöglicht eine gezieltere und effektivere Problemlösung.

Führungskräfte, die über emotionale Intelligenz verfügen, sind in der Lage, nonverbale Signale wie Körpersprache, Tonfall und Mimik wahrzunehmen. Diese Hinweise liefern oft entscheidende Informationen über den emotionalen Zustand eines Teammitglieds, selbst wenn Worte fehlen oder irreführend sind. Darüber hinaus können sie die emotionale Atmosphäre eines Raums wahrnehmen - ob sie angespannt, enthusiastisch oder von Apathie getrübt ist. Da sie auf diese emotionalen Indikatoren eingestellt sind, können Führungskräfte ihren Führungsstil in Echtzeit anpassen, um den Bedürfnissen des Teams besser gerecht zu werden.

Einer der Vorteile dieses gesteigerten emotionalen Bewusstseins ist die Fähigkeit, Probleme vorherzusehen und zu vermeiden, bevor sie sich zu Krisen auswachsen. Wenn eine Führungskraft beispielsweise eine zunehmende Frustration unter den Teammitgliedern über eine neue Unternehmensrichtlinie feststellt, kann sie proaktiv darauf eingehen - entweder durch Klärung von Missverständnissen, durch zusätzliche Schulungen oder durch Weiterleitung der Bedenken an höhere Stellen, bevor sich das Problem zu einem bedeutenden Problem entwickelt, das die Arbeitsmoral und die Leistung beeinträchtigt.

Das Verständnis für die Bedürfnisse des Teams auf emotionaler Ebene ermöglicht auch authentischere, bedeutungsvollere Interaktionen zwischen den Teammitgliedern, was den Zusammenhalt des Teams erheblich beeinflussen kann. Führungskräfte können diese Erkenntnisse nutzen, um ein Umfeld zu schaffen, in dem sich jeder wertgeschätzt, gehört und verstanden fühlt. Mit dieser Art von emotional intelligenter Führung lassen sich nicht nur Probleme lösen, sondern es entsteht auch ein stärkeres Team, das in der Lage ist, Herausforderungen gemeinsam zu bewältigen.

Das Verständnis für die emotionalen Bedürfnisse eines Teams ist nicht nebensächlich, sondern von zentraler Bedeutung für eine effektive Führung an vorderster Front. Dieses emotionale Bewusstsein ermöglicht es Führungskräften, komplexe Teamdynamiken zu steuern, Probleme proaktiv zu lösen und ein Team aufzubauen, das nicht nur funktioniert, sondern gedeiht.

Ebenso können emotional intelligente Führungskräfte an vorderster Front die Bedürfnisse und Prioritäten der oberen Führungsebene besser verstehen. Sie sind in der Lage zu interpretieren, was in strategischen Besprechungen gesagt wird, spüren das emotionale Klima und verstehen die Auswirkungen auf ihre Teams. Diese Fähigkeit, "den Raum zu lesen", ermöglicht es ihnen, ihr Handeln und ihre Kommunikation effektiver auf die Unternehmensziele und die Erwartungen des Managements abzustimmen.

Die Auswirkungen der emotionalen Intelligenz sind weitreichend. Indem sie die emotionale Landschaft genau einschätzen, können Führungskräfte an vorderster Front ihre Kommunikation und Problemlösungsansätze besser auf die Bedürfnisse ihres Teams und ihrer Vorgesetzten abstimmen. Dies trägt nicht nur zur Verringerung von Missverständnissen und Konflikten bei, sondern fördert auch ein Umfeld, in dem sich die Mitarbeiter gehört und wertgeschätzt fühlen.

Wenn sich die Teammitglieder verstanden und unterstützt fühlen, nehmen ihr Engagement und ihre Produktivität oft zu. Dasselbe gilt für die obere Führungsebene: Wenn sie das Gefühl hat, dass ihre Anweisungen verstanden und korrekt umgesetzt werden, führt dies zu einem reibungsloseren Betrieb und einer besseren Erreichung der strategischen Ziele.

Darüber hinaus sind emotional intelligente Führungskräfte oft besser in der Lage, Stress zu bewältigen, sowohl für sich selbst als auch für ihre Teams. In Situationen mit hohem Druck kann ihre Fähigkeit, ruhig zu bleiben und emotionale Unterstützung zu bieten, eine stabilisierende Kraft sein, die dem Team hilft, den Fokus und die Leistung beizubehalten.

Emotionale Intelligenz ist nicht nur eine "Soft Skill", sondern eine entscheidende Kompetenz für eine effektive Führung an vorderster Front. Sie bereichert die Rolle des Vermittlers, indem sie Verständnis und Nuancen hinzufügt und letztlich zu einer harmonischeren, effizienteren und erfolgreicheren Organisation beiträgt.

Das Führen an der Front bringt eine Reihe einzigartiger Herausforderungen mit sich, die sich deutlich von denen unterscheiden, mit denen sich traditionelle Führungskräfte an der Spitze konfrontiert sehen. Eine der deutlichsten ist das Problem der begrenzten Ressourcen. Führungskräfte an der Front arbeiten oft mit knapperen Budgets, weniger Personal und weniger Zugang zu hochrangigen Entscheidungsträgern. Diese Einschränkungen können es erschweren, Veränderungen herbeizuführen oder neue Initiativen zu ergreifen, selbst wenn solche Maßnahmen eindeutig erforderlich sind.

Stress ist ein weiterer wichtiger Faktor. Führungskräfte an vorderster Front sind dem operativen Druck des Unternehmens direkt ausgesetzt, sei es bei der Erfüllung von Verkaufszielen, der Qualitätskontrolle oder der Pflege von Kundenbeziehungen. Sie spüren die unmittelbaren Auswirkungen von Veränderungen der Marktbedingungen, von Änderungen in der Unternehmenspolitik oder von internen Umstrukturierungen. Und im Gegensatz zu ihren Vorgesetzten können sie sich nicht den Luxus leisten, diese Belastungen zu delegieren, sondern müssen sie direkt bewältigen und gleichzeitig die Moral des Teams aufrechterhalten.

Eine dritte Herausforderung liegt in der Schwierigkeit, mehrere Rollen unter einen Hut zu bringen. Führungskräfte an vorderster Front sind gleichzeitig Teammitglieder, Manager und

Verbindungspersonen zum höheren Management. Diese facettenreiche Rolle kann zu Rollenkonflikten führen, bei denen die mit einer Rolle verbundenen Erwartungen und Verantwortlichkeiten mit denen einer anderen Rolle kollidieren können.

Trotz dieser Herausforderungen bietet die Führung an vorderster Front eine Reihe einzigartiger Möglichkeiten, die für Führungskräfte auf höherer Ebene in der Regel weniger zugänglich sind. Eine der wichtigsten ist die Möglichkeit, unmittelbare, greifbare Veränderungen zu bewirken. Führungskräfte an der vordersten Front sind sozusagen näher am Geschehen; sie sehen das Tagesgeschäft, verstehen die Arbeitsabläufe und kennen die Fähigkeiten und Grenzen ihrer Teammitglieder. Diese Nähe ermöglicht es ihnen, Probleme und Chancen schneller zu erkennen und Lösungen zu implementieren, die sofortige Verbesserungen bewirken können.

Eine weitere Chance liegt im Bereich der Innovation. Führungskräfte an vorderster Front haben oft einen besseren Überblick über betriebliche Ineffizienzen, Kundenprobleme und Marktlücken. Ihre Position ermöglicht es ihnen, Innovationen voranzutreiben oder vorzuschlagen, die für das Unternehmen wegweisend sein können. Sie können in kleinerem Maßstab experimentieren, neue Ideen testen und deren Wirksamkeit direkt nachweisen.

Führungskräfte an vorderster Front haben die Möglichkeit, eine starke, kohäsive Teamkultur aufzubauen. Da sie eng mit ihren Teams zusammenarbeiten, können sie effektiver Werte, Verhaltensweisen und Arbeitsethik vermitteln, die sowohl mit den Zielen des Teams als auch mit denen des Unternehmens übereinstimmen. Sie können Talente aus den eigenen Reihen entwickeln, Teammitglieder betreuen und zur Nachfolgeplanung beitragen, indem sie zukünftige Führungskräfte identifizieren und fördern.

Die Führung an vorderster Front bringt zwar eine Reihe von Hürden mit sich, öffnet aber auch die Türen zu einzigartigen

Möglichkeiten. Der Schlüssel liegt darin, zu verstehen, wie man die Herausforderungen effektiv meistert, damit sie nicht zu Hindernissen, sondern zu Wachstumstreibern werden. Wenn sie gut ausgeführt wird, kann die Führung an vorderster Front ein mächtiger Hebel für den Unternehmenserfolg sein, der sofortigen Nutzen und langfristige strategische Vorteile bringt.

In diesem Kapitel haben wir uns mit der entscheidenden Bedeutung der Bottom-up-Führung in modernen Organisationen befasst. Wir haben mit dem Mythos aufgeräumt, dass wichtige Entscheidungen nur an der Spitze getroffen werden, und stattdessen die unzähligen einflussreichen Entscheidungen hervorgehoben, die jeden Tag von Einzelpersonen auf allen Ebenen getroffen werden. Die Rolle der Führungskräfte an vorderster Front dient als Dreh- und Angelpunkt für eine effektive Kommunikation und operative Ausrichtung innerhalb des Unternehmens.

Wir haben uns auch mit der emotionalen Intelligenz befasst, die die Rolle von Führungskräften an vorderster Front stärkt und sie in die Lage versetzt, die Komplexität des menschlichen Verhaltens zu bewältigen, Konflikte zu reduzieren und die Produktivität zu steigern. Schließlich untersuchten wir die einzigartigen Herausforderungen und Chancen, die mit der Führung an vorderster Front verbunden sind - von der Arbeit mit begrenzten Ressourcen und hohem Stress bis hin zu einer außergewöhnlichen Position, um unmittelbare, wirksame Veränderungen zu bewirken.

Das Ergebnis ist eindeutig: Bottom-up-Führung ist nicht nur ein anderer Ansatz für das Organisationsmanagement, sondern eine entscheidende Strategie für den Erfolg. Sie bietet sowohl dem Einzelnen als auch dem Unternehmen Möglichkeiten für schnelle Problemlösungen, innovatives Denken und ein harmonischeres Arbeitsumfeld. Die Frontlinie ist nicht die Peripherie der Organisation, sondern ihr Kern, wo Entscheidungen in Echtzeit die Gegenwart und Zukunft des Unternehmens gestalten.

Im nächsten Kapitel werden wir uns auf die Eigenschaften konzentrieren, die eine erfolgreiche Führungskraft an vorderster Front ausmachen. Denn wie Sie sehen werden, geht es bei einer effektiven Bottom-up-Führung nicht nur um die Position, sondern um eine Reihe von Eigenschaften und Fähigkeiten, die das Gewöhnliche in etwas Außergewöhnliches verwandeln können. Bleiben Sie dran, um zu erfahren, was eine Führungskraft an der Front wirklich außergewöhnlich macht.

Kapitel 2: Merkmale von Führungskräften der ersten Reihe

In jedem Unternehmen ist Führung eine Eigenschaft, über die oft diskutiert wird, die aber nicht immer verstanden wird, insbesondere wenn es um Führungskräfte an der Front geht. Diese Personen sitzen nicht in Eckbüros, sondern sind mitten im Tagesgeschäft, interagieren mit Kunden, beheben Probleme in Echtzeit und treffen unzählige Entscheidungen, die den Erfolg eines Unternehmens maßgeblich beeinflussen. In diesem zweiten Kapitel wollen wir uns eingehend mit den wesentlichen Merkmalen befassen, die diese Führungskräfte nicht nur effektiv, sondern auch leistungsstark machen.

In diesem Zusammenhang geht es nicht darum, die Mindestanforderungen einer Stelle zu erfüllen, sondern darum, Erwartungen zu übertreffen, Innovationen zu fördern und für das Unternehmen sowohl auf materielle als auch auf immaterielle Weise Werte zu schaffen. Es geht darum, eine Reihe von Fähigkeiten und Qualitäten zu besitzen, die nicht nur vorteilhaft, sondern in der heutigen, sich schnell verändernden Geschäftswelt entscheidend sind. Sie werden feststellen, dass leistungsstarke Führungskräfte an der vordersten Front anpassungsfähig sind, sich von Rückschlägen gut erholen können und ausgezeichnete Kommunikatoren sind. Sie sind auch unter Druck entscheidungsfreudig und verstehen die Kunst der Teamarbeit und die Bedeutung der emotionalen Intelligenz. Darüber hinaus zeichnen sie sich durch ein Maß an Integrität aus, das ihnen den Respekt und das Vertrauen ihrer Teams und Vorgesetzten gleichermaßen einbringt.

Bei der Lektüre dieses Kapitels werden Sie ein tiefes Verständnis für jede dieser Eigenschaften gewinnen. Noch wichtiger ist, dass

Sie sehen werden, wie sie zusammen das Profil einer außergewöhnlichen Führungskraft bilden - einer, die nicht nur Herausforderungen mit Geschick meistert, sondern auch andere dazu inspiriert, ihr auf dem Weg zu gemeinsamen Zielen zu folgen. Jeder Abschnitt enthält Beispiele aus der Praxis und umsetzbare Erkenntnisse, die Ihnen helfen zu verstehen, warum diese Eigenschaften so wichtig sind und wie sie sich im Arbeitsalltag manifestieren.

Während sich unser vorheriges Kapitel auf die Bedeutung der Bottom-up-Führung konzentrierte, soll dieses Kapitel Ihnen das "Was" nach dem "Warum" vermitteln. Es ist eine Sache, die Bedeutung von Führung an der Front zu verstehen, aber es ist eine andere, zu wissen, wie sie in der Praxis aussieht und wie Sie sie in Ihrer Rolle nachahmen können. Lassen Sie uns eintauchen und die Merkmale erkunden, die leistungsstarke Führungskräfte an vorderster Front von anderen unterscheiden, um die Voraussetzungen für die Instrumente und Techniken zu schaffen, die wir in den folgenden Kapiteln behandeln werden.

Anpassungsfähigkeit ist mehr als nur ein Schlagwort; sie ist eine entscheidende Fähigkeit für Führungskräfte, die sich in der unvorhersehbaren Landschaft des modernen Geschäftslebens zurechtfinden müssen. Während strategische Pläne und langfristige Ziele den Rahmen für den Erfolg bilden, kann die Fähigkeit zur Anpassung an unmittelbare Umstände den Unterschied zwischen Stagnation und Wachstum ausmachen. Für Führungskräfte an vorderster Front bedeutet Anpassungsfähigkeit oft, dass sie spontan denken, Lösungen für unerwartete Probleme improvisieren und bei sich schnell ändernden Bedingungen umschwenken müssen.

Was leistungsstarke Führungskräfte an vorderster Front auszeichnet, ist nicht nur ihre Fähigkeit, sich anzupassen, sondern auch die Art und Weise, wie sie sich anpassen. Sie sind nicht reaktiv, sondern proaktiv und antizipieren Veränderungen, anstatt einfach nur darauf zu reagieren. Das kann bedeuten, dass sie sich über Branchentrends auf dem Laufenden halten, Veränderungen im Verbraucherverhalten verstehen oder sich der sich verändernden Prioritäten des Unternehmens bewusst sind. Dieser proaktive Ansatz ermöglicht es ihnen, kalkulierte Anpassungen ihrer Strategien vorzunehmen und sicherzustellen, dass sie stets mit den Zielen des Unternehmens im Einklang stehen.

Die Anpassungsfähigkeit von Führungskräften an vorderster Front zeigt sich auch in der Fähigkeit, nahtlos zwischen verschiedenen Rollen und Verantwortlichkeiten zu wechseln. In einem Moment lösen sie vielleicht eine Kundenbeschwerde, im nächsten geben sie ihrem Team Feedback in Echtzeit, und kurz darauf nehmen sie vielleicht an einer Strategiesitzung mit höheren Stellen teil. Diese Flexibilität ermöglicht es ihnen, in verschiedenen Bereichen des Unternehmens einen Mehrwert zu schaffen.

Anpassungsfähige Führungskräfte fördern auch eine Kultur der Flexibilität innerhalb ihrer Teams. Sie ermutigen zum Experimentieren, freuen sich über kalkulierte Risiken und betrachten Misserfolge als Lernchancen. Dies schafft ein Umfeld, in dem sich die Teammitglieder ermächtigt fühlen, Ideen einzubringen und Initiative zu ergreifen, da sie wissen, dass sie die Unterstützung und den Rückhalt einer Führungskraft haben, die nicht starr in ihrem Denken ist.

Anpassungsfähigkeit ist eine herausragende Eigenschaft leistungsstarker Führungskräfte. Sie versetzt sie in die Lage, die Komplexität ihrer Aufgaben effektiv zu bewältigen, Veränderungen vorherzusehen und sich darauf vorzubereiten und eine Arbeitskultur zu schaffen, die auch bei Unsicherheiten gedeiht. Es geht nicht nur darum, den Wandel zu überstehen, sondern ihn zu meistern, um diese Führungskräfte - und damit auch ihre Teams und Organisationen - auf den Weg des nachhaltigen Erfolgs zu bringen.

Resilienz ist die Fähigkeit, sich von Rückschlägen zu erholen und sich weiterzuentwickeln, wobei man oft gestärkt daraus hervorgeht. Im Zusammenhang mit Führungsaufgaben an vorderster Front ist Resilienz nicht nur eine "nice-to-have"-Eigenschaft, sondern eine unverzichtbare Eigenschaft für jeden, der das Schiff sowohl durch ruhige als auch durch turbulente Gewässer steuern muss. Rückschläge sind in jeder Rolle unvermeidlich, aber die Art der Arbeit an der Front bedeutet, dass diese Führungskräfte oft direkt mit den Herausforderungen konfrontiert werden, ohne das Polster der Hierarchie, um Probleme aufzufangen oder zu zerstreuen. Ob es um den Umgang mit einem verärgerten Kunden geht, um die Leitung eines Projekts, das nicht wie geplant verläuft, oder um die Bewältigung plötzlicher Veränderungen in der Teamdynamik - Führungskräfte an der vordersten Front stehen im Zentrum der organisatorischen Herausforderungen.

Was belastbare Führungskräfte an vorderster Front auszeichnet, ist nicht nur ihre Fähigkeit, Stress zu ertragen, sondern auch, wie sie es schaffen, angesichts von Widrigkeiten eine positive Einstellung und Perspektive zu bewahren. Wenn Probleme auftauchen, sehen sie diese nicht als unüberwindbare Hindernisse, sondern als Gelegenheit zum Lernen, zur Anpassung und zum Wachstum. Diese positive Einstellung ist ansteckend und trägt dazu bei, die Moral des Teams auch unter schwierigen Bedingungen aufrechtzuerhalten.

Resiliente Führungskräfte sind in der Lage, das Problem von ihrem Selbstwert zu trennen. Ein Rückschlag wird als ein Ereignis oder eine Situation gesehen, nicht als ein Spiegelbild ihrer Kompetenz oder ihres Wertes. Diese emotionale Loslösung ermöglicht ein klareres Denken und eine effektivere Problemlösung, da Führungskräfte Rückschläge objektiv bewerten und Strategien zur Wiederherstellung entwickeln können, ohne von Selbstzweifeln oder lähmenden Ängsten geplagt zu sein.

Ein weiterer bemerkenswerter Aspekt ist, dass belastbare Führungskräfte sich oft im Voraus auf Rückschläge vorbereiten. Sie sind Realisten, die wissen, dass kein Plan narrensicher ist und dass es immer ratsam ist, Eventualitäten einzuplanen. Dank dieser Vorbereitung können sie schneller reagieren, wenn etwas schief läuft, und so Ausfallzeiten reduzieren und negative Auswirkungen minimieren.

Resilienz bei Führungskräften an vorderster Front bietet sowohl die psychologische als auch die praktische Grundlage für effektive Problemlösungen und langfristigen Erfolg. Sie setzt sich zusammen aus emotionaler Intelligenz, realistischem Optimismus, Bereitschaft und der Beharrlichkeit, weiterzumachen, wenn es schwierig wird. Diese Eigenschaft stellt sicher, dass sie sich nicht nur von Rückschlägen erholen, sondern auch ihre Teams dazu anleiten, dasselbe zu tun, und so eine kollektive Widerstandsfähigkeit aufbauen, die für die Gesundheit und den Erfolg des Unternehmens entscheidend ist.

Kommunikationsfähigkeiten werden oft als wesentlich für jede Führungskraft genannt, aber für Führungskräfte an vorderster Front steht besonders viel auf dem Spiel. Diese Führungskräfte sind das wichtigste Bindeglied zwischen dem Team vor Ort und der Chefetage. Ihre Fähigkeit, effektiv in mehrere Richtungen zu kommunizieren, ist daher ein Eckpfeiler des Unternehmenserfolgs. Effektive Kommunikation bedeutet nicht nur, gut zu sprechen; sie umfasst mehrere Dimensionen, vom aktiven Zuhören und der klaren Artikulation bis hin zu nonverbalen Hinweisen und emotionalem Ton.

Aktives Zuhören ist für Führungskräfte an vorderster Front entscheidend. In der Hektik des Tagesgeschäfts tappt man leicht in die Falle des Zuhörens, ohne wirklich zuzuhören. Durch aktives Zuhören können Führungskräfte jedoch die Bedürfnisse, Anliegen und Vorschläge sowohl ihres Teams als auch ihrer Vorgesetzten besser verstehen. So können sie fundiertere Entscheidungen treffen, Konflikte effektiver lösen und eine Kultur des gegenseitigen Respekts und Verständnisses aufbauen.

Die klare Formulierung von Ideen ist ein weiterer wichtiger Aspekt. Führungskräfte an der vordersten Front müssen oft komplexe Unternehmensziele in umsetzbare Aufgaben für ihr Team übersetzen oder die Teamleistung und Herausforderungen an die höhere Führungsebene weitergeben. Die Fähigkeit, diese Ideen klar und prägnant zu vermitteln, stellt sicher, dass alle Beteiligten auf derselben Seite stehen, und verringert die

Wahrscheinlichkeit von Missverständnissen, die zu kostspieligen Fehlern führen können.

Eine wirksame Kommunikation erstreckt sich auch auf nonverbale Signale, wie Mimik, Körpersprache und sogar den Tonfall. Führungskräfte an vorderster Front sind oft die ersten, die die Moral und Atmosphäre in ihren Teams wahrnehmen, und ihre nonverbalen Signale können den Ton für die Arbeitsumgebung angeben. Ob es darum geht, während eines schwierigen Gesprächs den Augenkontakt aufrechtzuerhalten, mit offener Körpersprache zur Teilnahme zu ermuntern oder den Tonfall zu modulieren, um Dringlichkeit oder Begeisterung zu vermitteln - diese subtilen Signale können die Teamdynamik erheblich beeinflussen.

Kommunikation ist kein einmaliges Ereignis, sondern ein kontinuierlicher Prozess. Leistungsstarke Führungskräfte an der vordersten Front erkennen die Bedeutung konsistenter und offener Kommunikationskanäle. Regelmäßige Teambesprechungen, persönliche Gespräche und eine Politik der offenen Tür sind nur einige der Maßnahmen, mit denen sie diese Kanäle offen halten und sicherstellen, dass die Kommunikation in alle Richtungen reibungslos verläuft.

Die Kommunikationsfähigkeiten leistungsstarker Führungskräfte an vorderster Front sind vielschichtig und auf die besonderen Herausforderungen ihrer Rolle abgestimmt. Diese Fähigkeiten ermöglichen es ihnen nicht nur, ihre Aufgaben effektiv zu erfüllen, sondern dienen auch dazu, die Menschen in ihrem Umfeld zu fördern, so dass Kommunikation ein Katalysator für den individuellen und kollektiven Erfolg ist.

Die Fähigkeit, fundierte und zeitnahe Entscheidungen zu treffen, ist ein Markenzeichen leistungsstarker Führungskräfte an vorderster Front. In einem schnelllebigen, sich ständig verändernden Umfeld kann Unentschlossenheit teuer werden. Diese Führungskräfte befinden sich häufig in Situationen, in denen sie verschiedene Faktoren abwägen, Risiken bewerten und Entscheidungen treffen müssen, die sich direkt auf ihre Teams und das gesamte Unternehmen auswirken. Was sie auszeichnet, sind nicht nur die Entscheidungen, die sie treffen, sondern auch die Art und Weise, wie sie dabei vorgehen.

Erstens sind leistungsstarke Führungskräfte an vorderster Front gut informiert. Sie legen großen Wert darauf, alle notwendigen Informationen zu sammeln, bevor sie eine Entscheidung treffen. Dazu gehört die Beratung mit Teammitgliedern, die Prüfung von Daten und die Berücksichtigung der allgemeinen Unternehmensziele. Gut informiert zu sein bedeutet auch, sich über Branchentrends auf dem Laufenden zu halten und das Wettbewerbsumfeld zu verstehen, um sicherzustellen, dass ihre Entscheidungen nicht nur auf die unmittelbaren Bedürfnisse, sondern auch auf langfristige Ziele ausgerichtet sind.

Zweitens sind diese Führungskräfte in der Lage, die vorliegenden Informationen zu analysieren. Sie sind in der Lage, große Datenmengen zu sichten und herauszufinden, was für das jeweilige Problem am wichtigsten ist. Dank dieser analytischen Fähigkeiten können sie potenzielle Ergebnisse vorhersehen und genauere Vorhersagen treffen, was zu einer besseren Entscheidungsfindung führt.

Dass sie gut informiert und analytisch sind, bedeutet nicht, dass sie an einer "Analyse-Lähmung" leiden. Diese Führungskräfte zeichnen sich auch dadurch aus, dass sie schnell Entscheidungen treffen, wenn die Situation es erfordert. Sie sind in der Lage, Entscheidungen auf der Grundlage der besten verfügbaren Informationen zu treffen, auch wenn diese nicht vollständig sind. Hier kommen ihre Belastbarkeit und Anpassungsfähigkeit ins Spiel: Wenn sie feststellen, dass eine Entscheidung nicht zu den gewünschten Ergebnissen geführt hat, sind sie schnell bereit, den Kurs zu ändern und aus den Erfahrungen zu lernen.

Leistungsstarke Führungskräfte an der vordersten Front machen ihren Entscheidungsprozess transparent. Sie kommunizieren klar, warum eine bestimmte Entscheidung getroffen wurde und wie sie mit den Zielen des Teams oder der Organisation in Einklang steht. Diese Transparenz fördert das Vertrauen und die Zustimmung der

Teammitglieder und macht es einfacher, die Gruppe für ein gemeinsames Ziel zu mobilisieren.

Die Entscheidungsfindungsfähigkeiten leistungsstarker Führungskräfte an vorderster Front sind eine Mischung aus gut informierten, analytischen, agilen und transparenten Fähigkeiten. Dieser ausgewogene Ansatz stellt sicher, dass sie nicht nur effektive Entscheidungen treffen, sondern auch eine Kultur der eigenverantwortlichen Entscheidungsfindung in ihren Teams kultivieren. Dies ist eine entscheidende Fähigkeit, die ihnen bei der Bewältigung der komplexen Führungsaufgaben an vorderster Front zugute kommt und wesentlich zu ihrem Erfolg und dem ihres Unternehmens beiträgt.

Teamarbeit und Zusammenarbeit sind mehr als nur Schlagworte für leistungsstarke Führungskräfte; sie sind wesentliche Elemente, die zum Gesamterfolg und zur Harmonie am Arbeitsplatz beitragen. Die Realität ist, dass niemand in einem Vakuum arbeitet, und die Effektivität einer Führungskraft ist oft eng mit ihrer Fähigkeit verbunden, ein kollaboratives Umfeld zu fördern. Es geht nicht nur darum, dass die Führungskraft gut mit anderen zusammenarbeitet, sondern auch darum, dass die Teammitglieder gut miteinander arbeiten können.

Eine gute Teamarbeit beginnt damit, dass man die Stärken und Schwächen der einzelnen Teammitglieder kennt. Eine leistungsstarke Führungskraft kann erkennen, was jeder Einzelne mitbringt, und die Aufgaben entsprechend zuweisen. So wird sichergestellt, dass die Teammitglieder erfolgreich arbeiten können, was zu einer höheren Produktivität und Arbeitszufriedenheit führt. Wenn die Mitarbeiter sich verstanden und für ihre einzigartigen Beiträge geschätzt fühlen, steigert dies die Arbeitsmoral und fördert das Gemeinschaftsgefühl im Team.

Die Erleichterung der Zusammenarbeit zwischen den Teammitgliedern ist ein weiterer wichtiger Aspekt. Dazu gehört die Schaffung von Möglichkeiten für Teammitglieder, an Projekten mitzuarbeiten, Ideen auszutauschen und Feedback zu geben. Eine leistungsstarke Führungskraft weiß, dass sie nicht alle

Antworten hat und erkennt den Wert der kollektiven Intelligenz. Indem sie den offenen Dialog und die gemeinsame Problemlösung fördern, ermöglichen sie, dass unterschiedliche Perspektiven zum Tragen kommen, was oft zu innovativeren und effektiveren Lösungen führt.

Eine der Herausforderungen bei der Förderung von Teamarbeit und Kooperation ist der Umgang mit Konflikten, die entstehen können. Hier spielt die Führungskraft an vorderster Front eine entscheidende Rolle bei der Konfliktlösung. Ihre Fähigkeit, effektiv zu kommunizieren, aktiv zuzuhören und Streitigkeiten zu schlichten, stellt sicher, dass Meinungsverschiedenheiten auf konstruktive und nicht auf spaltende Weise beigelegt werden. Ihre emotionale Intelligenz ermöglicht es ihnen, mit sensiblen Themen geschickt umzugehen und den Zusammenhalt des Teams zu wahren, selbst wenn die Spannungen hoch sind.

Teamarbeit und Zusammenarbeit gehen auch über das unmittelbare Team hinaus. Leistungsstarke Führungskräfte an der vordersten Front wissen, wie wichtig die Zusammenarbeit mit anderen Abteilungen oder Teams innerhalb des Unternehmens ist. Sie sind geschickt darin, Silos aufzubrechen und eine Kultur der funktionsübergreifenden Zusammenarbeit zu fördern, da sie wissen, dass die größten Herausforderungen oft unterschiedliche Fähigkeiten und Perspektiven erfordern, um sie zu lösen.

Die Fähigkeit, gut im Team zu arbeiten und die Zusammenarbeit zu fördern, ist ein besonderes Merkmal leistungsstarker Führungskräfte an vorderster Front. Sie wissen, dass die kollektive Anstrengung oft den individuellen Beitrag überwiegt und dass die Förderung einer Kultur der Zusammenarbeit der Schlüssel zur Bewältigung sowohl unmittelbarer Herausforderungen als auch langfristiger Unternehmensziele ist. Ihre Fähigkeit, Teamarbeit zu fördern, steigert nicht nur ihre eigene Effektivität, sondern trägt auch zur Schaffung eines harmonischeren, produktiveren und innovativeren Arbeitsumfelds bei.

Emotionale Intelligenz ist eine Eigenschaft, die Führungskräften in jedem Kontext zugute kommt, aber für Führungskräfte an vorderster Front ist sie von besonderer Bedeutung. Dies sind Personen, die tief in das Tagesgeschäft einer Organisation eingebettet sind und regelmäßig mit Teammitgliedern, Kunden und manchmal sogar Lieferanten oder anderen externen Stakeholdern zu tun haben. Durch ihre Nähe zum Geschehen sind sie in einer einzigartigen Position, um das emotionale Klima des Teams und damit auch des gesamten Unternehmens zu beeinflussen.

Im Kern geht es bei der emotionalen Intelligenz darum, sich auf den eigenen emotionalen Zustand und den anderer einzustellen. Für eine Führungskraft an vorderster Front bedeutet dies, dass sie sich des Stressniveaus, der Moral und des allgemeinen Wohlbefindens des Teams bewusst ist. Es bedeutet auch, die eigenen emotionalen Reaktionen auf Situationen zu erkennen und dafür zu sorgen, dass sie das Urteilsvermögen und die Entscheidungsfindung nicht beeinträchtigen. Wenn Führungskräfte mit ihren Emotionen im Reinen sind und sie effektiv steuern können, sind sie besser in der Lage, auch in heiklen oder stressigen Situationen rationale und fundierte Entscheidungen zu treffen.

Die Reichweite der emotionalen Intelligenz geht jedoch über Selbsterkenntnis und Selbstmanagement hinaus. Sie umfasst auch soziales Bewusstsein und Beziehungsmanagement. In der Hektik des Tagesgeschäfts kann man das menschliche Element leicht übersehen. Dabei sind es oft die subtilen, emotionalen Unterströmungen, die die Teamdynamik, die Arbeitszufriedenheit und letztlich die Leistung beeinflussen. Führungskräfte, die über eine hohe emotionale Intelligenz verfügen, können diese Nuancen wahrnehmen. Sie bemerken, wenn ein Teammitglied sich nicht zu engagieren scheint oder wenn zwischenmenschliche Spannungen zunehmen, und sie ergreifen proaktive Maßnahmen, um die Probleme anzugehen.

Eine praktische Anwendung der emotionalen Intelligenz für Führungskräfte an vorderster Front liegt in der Konfliktlösung. Konflikte sind in jedem Team fast unvermeidlich, aber sie effektiv zu lösen ist entscheidend für die Aufrechterhaltung eines positiven

Arbeitsumfelds. Eine Führungskraft, die über emotionale Intelligenz verfügt, kann unparteiisch bei Konflikten vermitteln, indem sie die emotionalen Auslöser und Bedenken aller beteiligten Parteien versteht. Sie sind oft in der Lage, Lösungen vorzuschlagen, die nicht nur das eigentliche Problem lösen, sondern auch den Zusammenhalt des Teams langfristig stärken.

Ein weiterer kritischer Bereich, in dem sich emotionale Intelligenz als unschätzbar erweist, ist das Veränderungsmanagement. Führungskräfte an der vordersten Front sind oft diejenigen, die Änderungen umsetzen, die von höherer Stelle kommen. Emotionale Intelligenz ermöglicht es ihnen, die Ängste und Befürchtungen zu verstehen, die Teammitglieder in Bezug auf eine neue Richtlinie oder ein neues System haben könnten. Sie können dann die Änderungen so kommunizieren, dass sie auf diese Bedenken eingehen und das Team für ein gemeinsames Ziel gewinnen.

Integrität wird oft als grundlegende Eigenschaft von Führungskräften genannt, und ihre Bedeutung für Führungskräfte an vorderster Front kann gar nicht hoch genug eingeschätzt werden. Wenn Sie an vorderster Front stehen, sind Ihre Handlungen unübersehbar, und sie geben den Ton für das Verhalten Ihres Teams und die Kultur innerhalb der Organisation an. Integrität umfasst hier mehrere Schlüsselaspekte: Ehrlichkeit, ethisches Verhalten und Beständigkeit.

Ehrlichkeit in der Führung bedeutet nicht nur, die Wahrheit zu sagen, sondern auch, transparent zu sein. Leistungsstarke Führungskräfte an vorderster Front sind offen für die Chancen und Herausforderungen, die vor ihnen liegen. Sie beschönigen die Fakten nicht und halten keine Informationen zurück, denn sie wissen, dass Transparenz Vertrauen schafft - ein wesentliches Element jeder Teamdynamik. Wenn die Teammitglieder das Gefühl haben, dass ihre Führungskraft ihnen gegenüber offen ist, fördert dies ein Umfeld, in dem sich die Mitarbeiter sicher fühlen, ihre Ideen und Bedenken offen zu äußern, weil sie wissen, dass sie gehört und respektiert werden.

Ethisches Verhalten ist ein weiterer Eckpfeiler der Integrität. Führungskräfte an vorderster Front sind oft mit Situationen konfrontiert, die ihre Ethik auf die Probe stellen, vom Umgang mit vertraulichen Informationen bis hin zu Konflikten am Arbeitsplatz. Ihre Entscheidungen in diesen Angelegenheiten schaffen einen Präzedenzfall dafür, welches Verhalten innerhalb des Teams und der gesamten Organisation akzeptabel ist. Ethische Verfehlungen können das Vertrauen schnell untergraben und langfristige Auswirkungen auf den Ruf der Führungskraft und des Unternehmens haben. Eine leistungsstarke Führungskraft weiß, dass sie sich nicht nur selbst an ethische Standards halten muss, sondern auch dafür sorgen muss, dass ihre Teammitglieder dasselbe tun.

Konsistenz ist der dritte entscheidende Aspekt der Integrität. Führungskräfte stehen oft auf dem Prüfstand, und widersprüchliche Handlungen oder Aussagen können ihre Glaubwürdigkeit schnell untergraben. Führungskräfte an vorderster Front müssen konsequent sein, wenn es darum geht, wie sie Regeln anwenden, Menschen führen und Entscheidungen treffen. Beständigkeit bietet den Teammitgliedern ein stabiles, vorhersehbares Umfeld, in dem sie wissen, was sie zu erwarten haben, so dass sie sich auf ihre Arbeit konzentrieren können, da sie die Parameter, innerhalb derer sie arbeiten, genau kennen. Es sei jedoch darauf hingewiesen, dass Beständigkeit nicht gleichbedeutend mit Unflexibilität ist. Effektive Führungskräfte sind durchweg fair, aber sie sind auch in der Lage, ihren Führungsstil an unterschiedliche Situationen und Personen anzupassen und sich dabei an den allgemeinen Werten von Ehrlichkeit und ethischem Verhalten zu orientieren.

Integrität bei der Führung an vorderster Front ist der Klebstoff, der Teams zusammenhält. Sie schafft Vertrauen, setzt Maßstäbe für ethisches Verhalten und bietet einen einheitlichen Rahmen, innerhalb dessen das Team arbeitet. Leistungsstarke Führungskräfte an vorderster Front verkörpern diese Eigenschaften und sind sich bewusst, dass ihre Handlungen in diesen Bereichen Auswirkungen auf das gesamte Team und das Unternehmen als Ganzes haben. Ohne Integrität wird es selbst für die fähigste Führungskraft schwierig sein, ihr Team effektiv zu mobilisieren. Mit ihr legen sie den Grundstein für eine Kultur des Vertrauens, des ethischen Verhaltens und der nachhaltigen Leistung.

Zusammenfassend lässt sich sagen, dass die Rolle einer leistungsstarken Führungskraft an vorderster Front komplex und vielschichtig ist und ein Gleichgewicht verschiedener Fähigkeiten und Eigenschaften erfordert. Von Anpassungsfähigkeit und Belastbarkeit bis hin zu starken Kommunikations- und Entscheidungsfähigkeiten bilden diese Eigenschaften das Rückgrat einer effektiven Führung an der Basis. Am grundlegendsten ist jedoch die Integrität, eine Eigenschaft, die allen anderen Eigenschaften zugrunde liegt und den Grundstein für einen vertrauenswürdigen, ethischen und konsequenten Führungsstil bildet. Diese Eigenschaften zu verstehen und zu verkörpern ist nicht nur eine Übung in persönlicher Entwicklung; es ist ein entscheidendes Unterfangen, das sich spürbar auf die Teamleistung, die Organisationskultur und letztlich auf den Erfolg des Unternehmens auswirkt.

Das nächste Kapitel verspricht eine spannende Reise in die Praxis zu werden. Wir werden Instrumente und Strategien erforschen, die Ihnen helfen können, diese wesentlichen Eigenschaften zu entwickeln, und die Sie einen Schritt näher an die leistungsstarke Führungskraft heranbringen, die Sie sein möchten. Ganz gleich, ob Sie eine erfahrene Führungskraft sind, die ihre Fähigkeiten verbessern möchte, oder ein Neuling, der sich einen Namen machen will - das kommende Kapitel bietet Ihnen umsetzbare Erkenntnisse, die Ihre Führungsarbeit vorantreiben können.

Kapitel 3: Strategien für wirksame Führung

In Kapitel 3 verlagern wir unseren Schwerpunkt von den Eigenschaften, die leistungsstarke Führungskräfte an vorderster Front auszeichnen, zu den umsetzbaren Strategien, die sie effektiv machen. Während Eigenschaften wie Belastbarkeit, emotionale Intelligenz und Anpassungsfähigkeit die Grundlage für eine Führungsposition bilden, sind es die alltäglichen Handlungen und Entscheidungen, die eine Führungskraft von einem bloßen Manager unterscheiden. Dieses Kapitel soll Ihnen ein Instrumentarium praktischer Strategien an die Hand geben, mit denen Sie Ihre Führungseffektivität an der Front verbessern können.

Egal, ob Sie eine aufstrebende Führungskraft sind, die sich einen Namen machen möchte, oder ein erfahrener Veteran, der seine Fähigkeiten verbessern möchte, diese Strategien können Ihnen als Leitfaden und Inspirationsquelle dienen. Ob Sie die Eigenschaften verkörpern, die Sie Ihrem Team vermitteln möchten, oder ob Sie die Initiative ergreifen, wenn sich Chancen oder Herausforderungen ergeben - wirksame Führung läuft oft auf die Entscheidungen hinaus, die Sie in der täglichen Arbeit treffen. Und vergessen wir nicht die einzigartige Position, in der sich Führungskräfte an vorderster Front befinden: Sie sind die Stimme des Teams und bringen Erfahrungen aus erster Hand und wichtige Erkenntnisse in die Entscheidungsfindung ein.

Während wir uns durch die Landschaft der Strategien wie Vorbild sein, die Initiative ergreifen und die Stimme Ihres Teams werden, sollten Sie daran denken, dass jede Strategie ein Werkzeug in Ihrem Führungswerkzeugkasten ist. Und wie bei jedem guten Handwerker ist das Wissen, wann und wie man jedes Werkzeug einsetzt, der Schlüssel zur Beherrschung seines Handwerks.

Ein Vorbild zu sein ist mehr als ein Schlagwort; es ist eine gelebte Erfahrung, die die Dynamik, die Motivation und die Gesamtleistung Ihres Teams tiefgreifend beeinflussen kann. Das Sprichwort "Taten sagen mehr als Worte" gilt besonders für die Führung. Mitarbeiter neigen eher dazu, Verhaltensweisen nachzuahmen, die sie bei ihren Führungskräften beobachten. Wenn Sie Engagement für Ihre Arbeit, Respekt für Ihre Kollegen und eine starke Arbeitsmoral an den Tag legen, erzeugen Sie einen positiven Dominoeffekt, der Ihre Teammitglieder zu ähnlichem Verhalten anregt.

Engagement, Respekt und harte Arbeit sind nicht nur abstrakte Konzepte, sondern auch umsetzbare Qualitäten. So zeugt es beispielsweise von Engagement, wenn man früh kommt, sich gründlich auf Sitzungen vorbereitet und bei jeder Aufgabe sein Bestes gibt. Es zeugt von Respekt, wenn man jeden - unabhängig von seiner Rolle - mit Höflichkeit behandelt und sich die Zeit nimmt, sich seine Anliegen anzuhören. Hartnäckiges Durchhalten angesichts von Herausforderungen und die Beibehaltung einer "Ich schaffe das"-Einstellung zeugen von harter Arbeit. Ihr Team wird diese Verhaltensweisen wahrscheinlich widerspiegeln und so ein positives Arbeitsumfeld schaffen, das Produktivität und Wachstum begünstigt.

Schauen wir uns einige Beispiele aus der Praxis an, um diesen Punkt zu verdeutlichen. Nehmen wir den Fall einer Lagerleiterin, die nicht nur die Namen, sondern auch ein wenig über das Privatleben der einzelnen Teammitglieder wissen wollte. Diese kleine, aber bedeutsame Geste führte zu einem kohärenteren und kooperativeren Arbeitsumfeld. Die Mitarbeiter fühlten sich gesehen und wertgeschätzt, was ihr Engagement für ihre Aufgaben und für das Team erhöhte.

In einem anderen Fall ging ein Kundendienstleiter mit gutem Beispiel voran, indem er sich immer als Erster für Wochenend- und Feiertagsschichten zur Verfügung stellte. Dieser Geist der Aufopferung und des Engagements war ansteckend, und schon bald waren die Teammitglieder eher bereit, während dieser weniger wünschenswerten Arbeitszeiten mitzuhelfen, was zu einem verbesserten Serviceniveau auch während der Spitzenzeiten führte.

Wie diese Fallstudien zeigen, kann man gar nicht genug betonen, wie wichtig es ist, ein gutes Vorbild in einer Führungsposition an vorderster Front zu sein. Ihre Handlungen und das Verhalten, das Sie vorleben, geben den Ton für Ihr Team an und beeinflussen nicht nur, wie es Sie als Führungskraft wahrnimmt, sondern auch, wie es sich selbst als Mitarbeiter des Unternehmens sieht. Denken Sie daran, dass Ihr Verhalten Ihrem Team als lebende Anleitung dient, wie man am Arbeitsplatz agiert, reagiert und interagiert.

Die Initiative zu ergreifen ist eine der einfachsten und zugleich wirkungsvollsten Möglichkeiten, Führungsstärke zu zeigen. Bei der Initiative geht es darum, proaktiv statt reaktiv zu sein, nach Möglichkeiten zu suchen, anstatt darauf zu warten, dass sie sich von selbst ergeben. Es geht um die Bereitschaft, aufzutreten und zu handeln, wenn man eine Lücke, einen Bedarf oder eine Chance zur Verbesserung sieht. Führungskräfte an vorderster Front, die die Initiative ergreifen, warten nicht auf Anweisungen, um Probleme zu lösen; sie sind diejenigen, die die Probleme überhaupt erst erkennen und Lösungen formulieren.

In der Welt der Führung an vorderster Front kann der erste Schritt den entscheidenden Unterschied ausmachen. Ganz gleich, ob Sie einen effizienteren Prozess finden, sich bereit erklären, ein anspruchsvolles Projekt zu leiten, oder sogar eine teambildende Maßnahme organisieren - wenn Sie die Initiative ergreifen, senden Sie sowohl an Ihr Team als auch an Ihre Vorgesetzten eine starke Botschaft. Sie zeigen damit, dass Sie sich engagieren und einen positiven Beitrag zum Unternehmen leisten wollen. Es trägt auch dazu bei, Vertrauen und Respekt unter den Teammitgliedern aufzubauen, die Sie als jemanden sehen werden, der bereit ist, Risiken einzugehen und Verantwortung zu übernehmen.

Lassen Sie uns einige Beispiele betrachten. In einem Einzelhandelsunternehmen stellte ein Vorgesetzter fest, dass die Verfahren für den Tagesabschluss ineffizient und zeitaufwändig waren. Anstatt sich nur darüber zu beschweren oder darauf zu warten, dass jemand anderes das Problem löst, nahm er es auf sich, den bestehenden Prozess zu analysieren, sich mit seinem Team zu beraten und dann eine neue, rationalisierte Methode vorzuschlagen. Sein proaktiver Ansatz löste nicht nur das Problem, sondern setzte auch Mitarbeiter frei, die sich auf wichtigere Aufgaben konzentrieren konnten, wodurch sich die Gesamtproduktivität erhöhte.

In ähnlicher Weise erkannte eine Krankenschwester in der Notaufnahme, dass die Patienten oft verwirrt und aufgeregt waren, weil es an klarer Kommunikation über den Behandlungsprozess mangelte. Sie ergriff die Initiative, um einfache, leicht verständliche Informationsbroschüren zu entwickeln, was die Zufriedenheit der Patienten in der Abteilung erheblich verbesserte.

Diese Beispiele verdeutlichen, wie wichtig es ist, in einer Führungsposition an vorderster Front die Initiative zu ergreifen. Proaktives Handeln löst nicht nur unmittelbare Probleme, sondern kann auch die Voraussetzungen für umfassendere organisatorische Verbesserungen schaffen. Zögern Sie also nicht, sondern machen Sie den ersten Schritt. Ihr Team und Ihre Organisation werden dadurch besser dastehen.

Wenn Sie an vorderster Front stehen, haben Sie eine einzigartige Perspektive, die sowohl für Ihr Team als auch für die Organisation von unschätzbarem Wert ist. Sie sind direkt am Ort des Geschehens und sehen aus erster Hand die Herausforderungen und Chancen, denen Ihr Team täglich begegnet. In dieser Position spielen Sie eine wichtige Rolle als "Stimme des Teams" und haben die Aufgabe, die Bedürfnisse, Anliegen und Vorschläge des Teams gegenüber höheren Stellen zu vertreten. Sie sind nicht nur ein Übermittler von Anweisungen von oben, sondern auch ein Fürsprecher, der dafür kämpft, dass Ihr Team alles hat, was es braucht, um erfolgreich zu sein.

Als Fürsprecher zu fungieren bedeutet mehr, als nur Beschwerden oder Anfragen weiterzuleiten. Es bedeutet, die Feinheiten der Arbeit, die Hindernisse für den Erfolg und die für Verbesserungen erforderlichen Ressourcen zu verstehen. Es bedeutet, die täglichen Erfahrungen Ihres Teams in umsetzbare Erkenntnisse zu übersetzen, die zu einer besseren Entscheidungsfindung auf höherer Ebene führen können. Wenn Sie z. B. feststellen, dass die Leistung des Teams durch veraltete Software beeinträchtigt wird, liegt es an Ihnen, die Bedeutung eines Upgrades denjenigen zu vermitteln, die die Macht haben, es durchzusetzen. Ihre Fürsprache, gestützt auf Ihre einzigartige Perspektive und Ihr Verständnis, könnte der Wendepunkt sein, der zu einer positiven Veränderung führt.

Eine wirksame Interessenvertretung erleichtert auch die Kommunikation innerhalb der Organisation. Wenn die obere Führungsebene Sie als jemanden sieht, der wertvolle Einblicke gewährt, ist es wahrscheinlicher, dass sie Ihren Beitrag zu künftigen Initiativen einholt, wodurch ein wechselseitiger Kommunikationsfluss gefördert wird. Dieser gegenseitige Austausch kann zu fundierteren Entscheidungen, größerer Arbeitszufriedenheit unter den Teammitgliedern und insgesamt zu einem harmonischeren Arbeitsplatz führen.

Stellen Sie sich einen Linienmanager in einem Fertigungsbetrieb vor, der feststellt, dass seinem Team häufig wichtige Vorräte fehlen und die Produktion dadurch verlangsamt wird. Anstatt sich mit dem Vorhandenen zu begnügen, nahm er es auf sich, sowohl mit der Beschaffungsabteilung als auch mit der oberen Führungsebene zu sprechen und legte Daten darüber vor, wie sich diese Engpässe auf die Leistung auswirkten. Seine Fürsprache führte zu einer Überarbeitung des Beschaffungsprozesses, wodurch eine konsistentere Lieferkette und eine effizientere Produktionslinie gewährleistet werden konnten.

Unterschätzen Sie nicht die Macht Ihrer Stimme. Nutzen Sie Ihre einzigartige Position an vorderster Front, um die Stimme zu sein, die Ihr Team braucht. Setzen Sie sich für sie ein, vertreten Sie sie gut, und Sie werden nicht nur ihre Arbeit erleichtern, sondern auch zum Erfolg des gesamten Unternehmens beitragen.

Effektive Führung an vorderster Front ist eine vielschichtige Aufgabe, die eine Vielzahl von Fähigkeiten und Strategien erfordert. Sie gehen mit gutem Beispiel voran, indem Sie sich engagieren, hart arbeiten und andere respektieren. Sie ergreifen die Initiative bei der Problemlösung und der Projektplanung und geben so den Ton für die Kultur und die Leistung Ihres Teams an. In Ihrer einzigartigen Position sind Sie ein wichtiger Vermittler, der die Kommunikation zwischen der oberen Führungsebene und den Mitarbeitern an der Front erleichtert. Auf diese Weise setzen Sie sich für die Bedürfnisse Ihres Teams ein und nutzen Ihre Erfahrungen aus erster Hand, um die Entscheidungsfindung auf allen Ebenen des Unternehmens zu verbessern.

Es geht nicht nur darum, die Anliegen des Teams nach oben zu transportieren, sondern auch darum, die Ziele und Strategien der Organisation auf der Teamebene in umsetzbare Aufgaben zu übertragen. Ihre Führungsqualitäten - von Anpassungsfähigkeit und Belastbarkeit bis hin zu Kommunikations- und Entscheidungsfähigkeiten - spielen eine entscheidende Rolle, um dies effektiv zu erreichen. Daher ist Ihre Rolle nicht nur operativ, sondern auch transformativ und wirkt sich nicht nur auf die unmittelbaren Aufgaben, sondern auch auf die breitere Organisationskultur und die langfristigen Ziele aus.

Wenn wir uns näher mit diesem Buch befassen, werden Sie feststellen, dass jede dieser Strategien miteinander verknüpft ist und dass die erfolgreichsten Führungskräfte an vorderster Front diejenigen sind, die diese Elemente nahtlos in ihren Führungsstil integrieren können. Als Nächstes werden wir Instrumente und Methoden erforschen, die Ihnen helfen, diese wichtigen Fähigkeiten zu entwickeln - bleiben Sie also dran.

Führung ist keine statische Eigenschaft, sondern eine dynamische Fähigkeit, die eine ständige Weiterentwicklung erfordert. Die Unternehmenslandschaft verändert sich ständig, beeinflusst von technologischen Fortschritten, Veränderungen im Verbraucherverhalten und wirtschaftlichen Schwankungen, um nur einige Variablen zu nennen. Was gestern noch funktionierte, muss morgen nicht mehr unbedingt funktionieren. Als

Führungskraft an vorderster Front werden Sie sich langfristig durch Ihre Fähigkeit auszeichnen, sich an diese Veränderungen anzupassen, Ihr Team durch sie zu führen und Ihre Strategien kontinuierlich weiterzuentwickeln.

Gerade die Herausforderungen und Chancen, die eine Führungsposition an vorderster Front so einzigartig machen, machen eine kontinuierliche Weiterentwicklung unerlässlich. Ihre Nähe zum Geschehen bedeutet, dass Sie oft als Erster mit neuen Problemen konfrontiert werden, die innovative Lösungen erfordern. Darüber hinaus müssen Sie häufig die Kluft zwischen den hochfliegenden Visionen der oberen Führungsebene und den tatsächlichen Gegebenheiten in Ihrem Team überbrücken. Um dies effektiv zu tun, benötigen Sie ein ständig wachsendes Arsenal an Führungsqualitäten und -strategien.

Deshalb sind ständiges Lernen und Wachstum nicht nur von Vorteil, sondern entscheidend. Ganz gleich, ob es sich um formale Schulungen, Mentorenschaft, Selbststudium oder einfach um das hart erarbeitete Wissen aus Erfahrung handelt, die Investition in Ihre eigene Entwicklung ist eine der wichtigsten Investitionen, die Sie tätigen können - nicht nur für Ihre eigene Karriere, sondern auch für das Wohlergehen und den Erfolg Ihres Teams und Ihres Unternehmens.

Verstehen Sie, dass der Weg zu einer effektiven Führungskraft an der Front genau das ist - ein Weg. Es ist ein Weg, der sowohl von Herausforderungen als auch von Triumphen geprägt ist, und der ein ständiges Engagement für Verbesserungen erfordert. Mit jedem Kapitel dieses Buches erhalten Sie umsetzbare Erkenntnisse, die Ihnen auf dieser Reise helfen und Ihnen die Werkzeuge an die Hand geben, die Sie brauchen, um die beste Führungskraft zu sein, die Sie sein können.

Diese Fähigkeiten und Strategien sind wertvoll, aber es ist ebenso wichtig zu erkennen, dass die Führung an vorderster Front ihre eigenen Herausforderungen mit sich bringt - Herausforderungen, die oft nicht in der traditionellen Führungsausbildung oder Literatur behandelt werden. Ob es um die Bewältigung von Stress und Burnout, die Lösung von Konflikten unter Zeitdruck oder die Bewältigung der komplexen Teamdynamik geht, Führungskräfte an der Front sind mit einer Vielzahl von Problemen konfrontiert, die spezielle Lösungen erfordern. Deshalb werden wir uns in unserem nächsten Kapitel mit diesen Herausforderungen befassen und Ihnen praktische Ratschläge und umsetzbare Tipps für einen effektiven Umgang mit ihnen geben. Sie werden es nicht verpassen wollen.

Kapitel 4: Zu vermeidende Fallstricke

Die Komplexität der Führungsarbeit an der vordersten Front zu bewältigen, ist keine leichte Aufgabe, und selbst die erfahrensten Führungskräfte können über Fallstricke stolpern, die ihre Effektivität und die Leistung ihrer Teams beeinträchtigen. Es ist zwar ganz natürlich, sich auf den Aufbau von Fähigkeiten und die Anwendung erfolgreicher Strategien zu konzentrieren, aber ebenso wichtig ist es, die häufigsten Fehler zu erkennen und zu vermeiden, die Ihre Führungsarbeit zum Scheitern bringen können. Unwissenheit ist kein Segen, wenn es um diese Fallen geht; vielmehr sind Bewusstsein und proaktive Maßnahmen Ihre beste Verteidigung. Dieses Kapitel soll Licht in einige dieser häufigen Fallen bringen, von der erdrückenden Natur des Mikromanagements bis hin zur oft übersehenen Bedeutung der Selbstfürsorge. Wenn Sie die Auswirkungen dieser Fehler verstehen und die besprochenen Strategien anwenden, um sie zu vermeiden, können Sie ein Arbeitsumfeld schaffen, das nicht nur produktiv, sondern auch bereichernd für alle Beteiligten ist. Lassen Sie uns diese Fallen genauer unter die Lupe nehmen, um zu verstehen, worum es sich dabei handelt und wie Sie es vermeiden können, in diese Fallen zu tappen.

Mikromanagement ist ein Begriff, der im Zusammenhang mit Führung oft negativ besetzt ist, und das zu Recht. Dabei geht es um die genaue Beobachtung oder Kontrolle der Arbeit von Untergebenen oder Teammitgliedern. Auch wenn die ursprüngliche Absicht darin bestehen mag, sicherzustellen, dass die Aufgaben perfekt ausgeführt werden, schadet dies in Wirklichkeit oft mehr, als es nützt. Für Führungskräfte an vorderster Front, die mit ihrem Team an der Front stehen, kann die Versuchung, Mikromanagement zu betreiben, besonders groß sein. Sie kennen die Arbeit in- und auswendig und haben vielleicht das Gefühl, dass ihre intime Kenntnis der anstehenden Aufgaben dazu beitragen kann, Fehler zu vermeiden.

Dieser Führungsstil kann die Kreativität und Moral Ihres Teams ernsthaft beeinträchtigen. Wenn Teammitglieder das Gefühl haben, dass sie ständig beobachtet und beurteilt werden, ergreifen sie seltener die Initiative und bringen weniger innovative Ideen ein. Mit der Zeit kann dies zu einer erdrückenden Arbeitsumgebung führen, in der die Arbeitszufriedenheit sinkt. Darüber hinaus kann Mikromanagement eine Atmosphäre des Misstrauens schaffen, indem es den Eindruck erweckt, dass die Teammitglieder nicht kompetent genug sind, um Aufgaben ohne intensive Aufsicht zu erledigen.

Es gibt viele Beispiele aus der Praxis, die zeigen, wie Mikromanagement nach hinten losgehen kann. So kann ein Team, das durch Mikromanagement geführt wird, zwar seine kurzfristigen Ziele erreichen, aber auf Kosten der Mitarbeiterfluktuation oder einer langfristig sinkenden Qualität der Arbeit. Ein anderes Beispiel ist die Verzögerung kritischer Projekte, weil die Teammitglieder für jede noch so kleine Entscheidung eine Genehmigung einholen müssen, was zu Engpässen in der Produktivität führt.

Um die Fallstricke des Mikromanagements zu vermeiden, ist die Förderung von Vertrauen entscheidend. Vertrauen ermöglicht es den Teammitgliedern, die Verantwortung für ihre Aufgaben zu übernehmen und Entscheidungen zu treffen, ohne Angst vor Konsequenzen bei kleinen Fehlern zu haben. Vertrauen aufzubauen bedeutet auch zu lernen, effektiv zu delegieren. Durch das Delegieren können Sie sich nicht nur auf wichtigere Aufgaben konzentrieren, sondern auch Ihre Teammitglieder dabei unterstützen, ihre Fähigkeiten zu entwickeln und mehr Verantwortung zu übernehmen. Zur Förderung eines selbstbewussten Teams gehört auch die Schaffung eines Umfelds, in dem Feedback in beide Richtungen geht, Ideen gemeinsam entwickelt und Erfolge geteilt werden.

Indem sie sich der Nachteile des Mikromanagements bewusst sind und bewusst Strategien zur Förderung von Vertrauen und Eigenverantwortung einsetzen, können Führungskräfte an vorderster Front ein dynamischeres, engagierteres und erfolgreicheres Team bilden.

In der anspruchsvollen Welt der Führung an vorderster Front ist es leicht, sich so sehr um das Wohlergehen Ihres Teams und den Erfolg Ihrer Projekte zu kümmern, dass Sie Ihr eigenes Wohlbefinden übersehen. Aber wie das Sprichwort sagt: "Man kann nicht aus einem leeren Becher einschenken". Das Konzept der Selbstfürsorge in einem Führungskontext geht über die bloße Inanspruchnahme einer Auszeit oder gelegentlicher Freizeitaktivitäten hinaus. Es umfasst auch die körperliche Gesundheit, das emotionale Wohlbefinden, die Stressbewältigung und sogar die berufliche Entwicklung.

Die Vernachlässigung der Selbstfürsorge kann für eine Führungskraft fatale Folgen haben. Burnout stellt ein erhebliches Risiko dar und kann sich in körperlichen Symptomen, eingeschränkter Entscheidungsfähigkeit und geringerer emotionaler Intelligenz äußern. Wenn Sie ausgebrannt sind, lässt Ihre Fähigkeit, effektiv zu führen, nach, was sich nicht nur auf Sie selbst, sondern auf Ihr gesamtes Team auswirkt. Schlechte Entscheidungsfindung und vermindertes emotionales Verständnis können zu Missverständnissen, Konflikten und schließlich zu einem Rückgang der Arbeitsmoral und Produktivität des Teams führen.

Das Wohlbefinden einer Führungskraft wirkt sich auf das gesamte Team aus. Wenn Sie gestresst, überlastet oder unmotiviert sind, wird es nicht lange dauern, bis Ihr Team diese Eigenschaften widerspiegelt. Niedrige Energie und schlechte Laune sind ansteckend und können sich schnell auf den gesamten Arbeitsplatz ausbreiten, was sich auf die Gesamtproduktivität und sogar auf das Endergebnis auswirkt. Eine Führungskraft, die sich um sich selbst kümmert, ist dagegen ein Vorbild für das Team und fördert eine Kultur des Wohlbefindens, die zu einer höheren Arbeitsmoral, einer besseren Work-Life-Balance und einer höheren Produktivität für alle führen kann.

Wie also können Führungskräfte an vorderster Front Selbstfürsorge in ihr arbeitsreiches Leben einbauen? Das fängt damit an, dass man die Anzeichen von Stress und Burnout frühzeitig erkennt und proaktive Schritte unternimmt, um sie zu bewältigen. Das kann bedeuten, dass man sich strikte Grenzen setzt, um seine persönliche Zeit zu schützen, sich körperlich betätigt, um Stress abzubauen, oder bei Bedarf sogar professionelle Hilfe in Anspruch nimmt, z. B. eine Beratung.

Zeitmanagementtechniken können ebenfalls eine entscheidende Rolle bei der Selbstfürsorge spielen. Sich Zeit für Entspannung oder Hobbys zu nehmen, kann als mentaler Reset dienen und Ihre Konzentration und Produktivität verbessern, wenn Sie zur Arbeit zurückkehren. Auch die ständige berufliche Weiterentwicklung kann eine Form der Selbstfürsorge sein. Kontinuierliches Lernen bereichert Sie nicht nur, sondern macht Sie auch zu einer effektiveren und anpassungsfähigeren Führungskraft.

Sich um sich selbst zu kümmern, mag sich manchmal wie ein Luxus anfühlen, den man sich nicht leisten kann, aber es ist eine Notwendigkeit für eine effektive Führung an vorderster Front. Wenn Sie Ihre Selbstfürsorge zu einer Priorität machen, sind Sie besser gerüstet, um die Herausforderungen der Führung zu meistern und gleichzeitig ein ausgeglicheneres, produktiveres und glücklicheres Arbeitsumfeld für Ihr Team zu schaffen.

Klare, transparente Kommunikation ist ein Eckpfeiler effektiver Führung, insbesondere an der Front, wo es häufig zu direkten Interaktionen mit Teammitgliedern kommt. Wenn die Kommunikation nicht funktioniert, können die Folgen von kleinen Missverständnissen bis hin zu katastrophalen Misserfolgen reichen. Schlechte Kommunikation führt oft zu unklaren Zielen, Verwirrung über Zuständigkeiten und letztlich zu verpassten Chancen für individuelles und kollektives Wachstum. Wenn Teammitglieder nicht wissen, was von ihnen erwartet wird oder wie ihre Arbeit zu den Gesamtzielen des Unternehmens beiträgt, kann die Arbeitsmoral leicht sinken.

Missverständnisse aufgrund mangelhafter Kommunikation können auch zu Konflikten innerhalb eines Teams führen, wodurch ein toxisches Umfeld entsteht, das der Produktivität abträglich sein kann. Dies ist besonders für Führungskräfte an vorderster Front problematisch, die dafür verantwortlich sind, die Unternehmensziele in umsetzbare Aufgaben für ihr Team zu übersetzen. Wenn diese Kommunikation ineffektiv ist, kann dies zu einem unengagierten und demoralisierten Team führen. Im schlimmsten Fall kann eine anhaltend schlechte Kommunikation sogar zu hohen Fluktuationsraten führen, da frustrierte Teammitglieder nach Möglichkeiten suchen, bei denen sie sich mehr wertgeschätzt und verstanden fühlen.

Die Verbesserung der Kommunikationsfähigkeit erfordert einen vielschichtigen Ansatz, der sowohl die klare Vermittlung von Informationen als auch das aktive Zuhören umfasst. Aktives Zuhören bedeutet mehr als nur zu hören, was die andere Person sagt. Es bedeutet, sich voll zu konzentrieren, zu verstehen, zu reagieren und sich zu erinnern. Auf diese Weise gewinnen Führungskräfte nicht nur unschätzbare Erkenntnisse, sondern geben dem Sprecher auch das Gefühl, gehört und respektiert zu werden, was sich positiv auf die Stimmung im Team auswirken kann.

Ein transparenter Dialog ist ein weiterer entscheidender Aspekt einer wirksamen Kommunikation. Das bedeutet, dass man offen über Ziele, Erwartungen und sogar über Schwierigkeiten oder Herausforderungen spricht, die vor einem liegen können. Eine Kultur der Transparenz fördert das Vertrauen und den Respekt zwischen Führungskräften und Teammitgliedern und macht es einfacher, Herausforderungen gemeinsam zu bewältigen.

Führungskräfte an vorderster Front können ihre Kommunikationsfähigkeiten durch regelmäßige Schulungen und Übungen verbessern, aber es ist auch vorteilhaft, Feedback von Teammitgliedern und Kollegen einzuholen. Diese zweiseitige

Kommunikation stellt sicher, dass die Führungskräfte wissen, wie ihre Botschaften ankommen, und die notwendigen Anpassungen vornehmen können. Effektive Kommunikation ist keine Einheitslösung, sondern eine dynamische Fähigkeit, deren Beherrschung ständige Anstrengungen erfordert.

Die Bedeutung einer effektiven Kommunikation für die erfolgreiche Führung an vorderster Front kann gar nicht hoch genug eingeschätzt werden. Sie wirkt sich auf jeden Aspekt der Teamdynamik aus, von der Arbeitsmoral und Produktivität bis hin zum erfolgreichen Abschluss von Projekten. Durch aktives Zuhören und einen transparenten Dialog können Führungskräfte Klüfte überbrücken, Missverständnissen vorbeugen und ein engagiertes, motiviertes Team aufbauen.

Das Ignorieren der Teamdynamik kann für jede Führungskraft ein fataler Fehler sein, vor allem aber für diejenigen, die an vorderster Front stehen und den täglichen Interaktionen und Feinheiten des Teamverhaltens am nächsten sind. Wenn zwischenmenschliche Konflikte ungelöst bleiben oder übersehen werden, können die Auswirkungen schädlich sein. Die Moral im Team sinkt, die Zusammenarbeit leidet und die Produktivität geht unweigerlich zurück. In extremen Fällen können unkontrollierte Spannungen zu ausgewachsenen Krisensituationen eskalieren, die Projekte gefährden und sogar zu Fluktuation führen.

Abgesehen von den negativen Folgen von Konflikten entgehen einem Team, das keinen Zusammenhalt pflegt, auch die positiven Auswirkungen einer gut funktionierenden Gruppe. Teams, die miteinander im Einklang stehen und die Stärken und Schwächen der anderen kennen, können weit mehr erreichen als eine Ansammlung von Einzelpersonen. Für Führungskräfte an vorderster Front besteht ein Teil ihrer Aufgabe darin, diese Stärken zu erkennen und sie effektiv zu nutzen. Wenn zum Beispiel ein Teammitglied bei der Problemlösung überragend ist, sich aber mit der Umsetzung schwer tut, kann die Zusammenarbeit mit jemandem, der bei der Umsetzung überragend ist, zu beeindruckenden Ergebnissen führen. Dieses Verständnis beruht auf dem Bewusstsein für die Teamdynamik und der Bereitschaft, diese aktiv zu steuern.

Ein proaktiver Umgang mit der Teamdynamik ist entscheidend. Das bedeutet, dass man nicht bis zu den Jahresgesprächen warten sollte, um Probleme zu besprechen, sondern dass man Konflikte erkennen und angehen sollte, sobald sie entstehen. Offene Kommunikation ist der Schlüssel; Teammitglieder sollten das Gefühl haben, dass sie Bedenken äußern können, ohne Vergeltungsmaßnahmen befürchten zu müssen. Wirksame Konfliktlösungsstrategien hängen von der Art des Problems ab, können aber auch Einzelgespräche umfassen, um unterschiedliche Sichtweisen zu verstehen, Übungen zur Teambildung, um die Zusammenarbeit zu verbessern, oder sogar die Hinzuziehung eines externen Mediators bei ernsteren Streitigkeiten.

Regelmäßige Teamsitzungen können als Forum für einen offenen Dialog dienen und bieten den Teammitgliedern eine strukturierte Gelegenheit, laufende Projekte zu besprechen, sich über aktuelle Entwicklungen auszutauschen und über Herausforderungen zu sprechen. Diese Treffen bieten den Führungskräften auch die Möglichkeit, kleine Erfolge anzuerkennen und positive Verhaltensweisen und Ergebnisse zu fördern, die zu einer gesunden Teamdynamik beitragen.

Es kann gar nicht hoch genug eingeschätzt werden, wie wichtig es ist, auf die Teamdynamik zu achten. Führungskräfte, die diesen wichtigen Aspekt des Managements ignorieren, riskieren, dass ihre Teams und Projekte untergraben werden, während diejenigen, die in das Verständnis und die Steuerung dieser Dynamik investieren, stärkere und effektivere Teams aufbauen. Indem sie sich aktiv mit Konflikten auseinandersetzen und individuelle Stärken nutzen, können Führungskräfte eine Kultur der Zusammenarbeit und der Spitzenleistung fördern, die den Erfolg des Unternehmens vorantreibt.

Zu viel Bequemlichkeit oder Selbstvertrauen in einer Führungsrolle ist eine Falle, die selbst die erfahrensten Führungskräfte unvorbereitet treffen kann. Es ist eine natürliche menschliche Tendenz, nach Gleichgewicht und Bequemlichkeit zu streben, vor allem, wenn man ein gewisses Maß an Erfolg erreicht hat. Führung ist jedoch kein Ziel, sondern eine kontinuierliche Reise, die ständige Anpassung, Lernen und Selbsterkenntnis erfordert. Übermäßiges Selbstvertrauen kann zu einem gefährlichen Zustand der Selbstgefälligkeit führen, in dem eine Führungskraft das Gefühl hat, dass ihre Methoden über jeden Zweifel erhaben sind und dass sie bereits "angekommen" ist. Diese Haltung kann dazu führen, dass die Führungskraft die Augen vor neuen Herausforderungen, neuen Möglichkeiten oder verbesserungsbedürftigen Bereichen verschließt.

In einem schnelllebigen Geschäftsumfeld stellt es ein erhebliches Risiko dar, die sich entwickelnde Dynamik nicht zu erkennen. Marktbedingungen, Kundenpräferenzen und sogar die interne Stimmung im Team sind immer im Fluss. Wenn eine Führungskraft diese Veränderungen nicht wahrnimmt, weil sie glaubt, dass ihr Weg der einzige ist, kann sie wichtige Gelegenheiten für Innovationen oder Problemlösungen verpassen. Im schlimmsten Fall erkennt sie ein bedeutendes Problem erst dann, wenn es zu spät ist, um wirksame Abhilfemaßnahmen zu ergreifen. Eine Führungskraft, die zu viel Vertrauen in die Leistung ihres Teams hat, könnte beispielsweise Anzeichen von Burnout oder mangelndem Engagement übersehen, was zu geringerer Produktivität oder sogar zum Verlust wertvoller Teammitglieder führen kann.

Eine wachstumsorientierte Denkweise ist der Schlüssel zur Vermeidung von Selbstüberschätzung und Selbstgefälligkeit. Eine Führungskraft mit einer wachstumsorientierten Denkweise ist sich bewusst, dass es immer Raum für Verbesserungen gibt und dass sie sich ständig anpassen und weiterentwickeln muss, um neue Herausforderungen zu meistern. Diese Sichtweise fördert eine Kultur des Lernens und der Verbesserung, sowohl für die Führungskraft als auch für das Team, das sie leitet. Die Offenheit für Feedback, die kontinuierliche Bewertung von Leistungskennzahlen und die Suche nach Lernmöglichkeiten sind praktische Schritte, die eine Führungskraft unternehmen kann, um eine wachstumsorientierte Denkweise beizubehalten.

Selbsterkenntnis ist ein wichtiges Instrument zur Vermeidung von Selbstgefälligkeit. Regelmäßige Selbsteinschätzungen können Führungskräften helfen, sich ihrer eigenen Vorurteile und Grenzen bewusst zu werden. Das Einholen von Feedback von Teammitgliedern, Kollegen und sogar Vorgesetzten kann wertvolle externe Perspektiven auf die Leistung einer Führungskraft liefern und Möglichkeiten für Wachstum und Verbesserung aufzeigen.

Selbstüberschätzung und Selbstzufriedenheit sind gefährliche Eigenschaften für jede Führungskraft, aber besonders gefährlich sind sie für diejenigen, die an vorderster Front stehen und als erste mit neuen Herausforderungen und Veränderungen im Arbeitsumfeld konfrontiert werden. Kontinuierliche Selbsterkenntnis, das Streben nach Verbesserung und eine wachstumsorientierte Denkweise sind entscheidend, um diese Fallstricke zu vermeiden und sich als effektive Führungskraft weiterzuentwickeln.

In diesem Kapitel haben wir uns mit einigen häufigen Fallstricken beschäftigt, die Führungskräfte an vorderster Front vermeiden sollten. Von den erdrückenden Auswirkungen des Mikromanagements bis hin zu den persönlichen und beruflichen Folgen der Vernachlässigung der Selbstfürsorge sind dies Hindernisse, die nicht nur die Effektivität der Führungskraft, sondern auch das Wohlbefinden und die Produktivität des gesamten Teams beeinträchtigen können. Schlechte Kommunikation und die Vernachlässigung der Teamdynamik können zu Missverständnissen, sinkender Arbeitsmoral und verminderter Leistung führen. Und schließlich können Selbstüberschätzung und Selbstgefälligkeit Führungskräfte für neue Herausforderungen und Verbesserungsmöglichkeiten blind machen und zu einer Stagnation führen, die in der heutigen, sich schnell entwickelnden Unternehmenslandschaft schwerwiegende Folgen haben kann.

Ebenso wichtig ist, dass wir Strategien erörtert haben, um diese Fallstricke zu umgehen. Der Aufbau von Vertrauen und die Delegation von Aufgaben können den Drang zum

Mikromanagement eindämmen, während die Konzentration auf die Selbstfürsorge Burnout verhindern und ein hohes Maß an Entscheidungsfähigkeit erhalten kann. Effektive Kommunikationstechniken können Klüfte überbrücken und das Team auf gemeinsame Ziele ausrichten, und ein Verständnis der Teamdynamik kann helfen, Konflikte zu lösen und individuelle Stärken für den gemeinsamen Erfolg zu nutzen. Und schließlich kann eine wachstumsorientierte Denkweise den Führungskräften helfen, sich ständig anzupassen und zu verbessern, um die Gefahren von Selbstüberschätzung und Selbstzufriedenheit zu vermeiden.

Der rote Faden, der sich durch all diese Strategien zieht, ist die Bedeutung einer kontinuierlichen Selbsterkenntnis und Anpassung. Die effektivsten Führungskräfte an vorderster Front sind diejenigen, die regelmäßig eine Bestandsaufnahme ihrer Handlungen, Einstellungen und der von ihnen erzielten Ergebnisse vornehmen. Sie sind offen für Feedback und bereit, bei Bedarf Änderungen vorzunehmen. Es ist ein ständiger Kreislauf des Lernens, Anpassens und Weiterentwickelns, der eine Führungskraft und ihr Team beweglich, engagiert und effektiv hält.

Das Verstehen und Vermeiden dieser Fallstricke ist keine einmalige Aufgabe, sondern eine ständige Verantwortung. Führung ist eine Reise des ständigen Wachstums und der Anpassung, insbesondere für diejenigen, die an vorderster Front stehen und den Ton für den Rest des Teams angeben. Ihre Wachsamkeit bei der Umgehung dieser häufigen Fallstricke, kombiniert mit einem kontinuierlichen Engagement für die persönliche und berufliche Entwicklung, wird Sie für einen dauerhaften Erfolg im anspruchsvollen, aber lohnenden Bereich der Führung an vorderster Front vorbereiten.

Im weiteren Verlauf werden wir uns mit einigen der effektivsten Möglichkeiten befassen, um Ihr Wachstum fortzusetzen und Ihre Fähigkeiten als Führungskraft an vorderster Front zu festigen. Das nächste Kapitel ist den Themen Mentorenschaft, Networking und Weiterbildung gewidmet - drei entscheidende Komponenten, die

Ihre Entwicklung beschleunigen und Ihren Einfluss vergrößern können.

Wir werden erforschen, wie Mentorenschaft persönliche Anleitung und Weisheit bieten kann, die sonst nur schwer zu erlangen ist, und die es Ihnen ermöglicht, Ihre Führungslaufbahn mit dem Nutzen der Erfahrung eines anderen zu bestreiten. Networking, das oft unterschätzt wird, wird als wirksames Instrument nicht nur für das berufliche Fortkommen, sondern auch für das Lernen durch den Austausch von Ideen und bewährten Verfahren vorgestellt. Wir werden uns auch mit dem Wert von formellen und informellen Weiterbildungsmöglichkeiten befassen, seien es Workshops, Kurse oder selbst organisierte Lernbemühungen. Diese Möglichkeiten der kontinuierlichen Weiterbildung können Ihre Fähigkeiten schärfen, Ihr Verständnis erweitern und neue Strategien liefern, die Sie direkt auf Ihre täglichen Aufgaben anwenden können.

In einem sich ständig verändernden Geschäftsumfeld ist Stillstand keine Option. Kapitel 5 soll Ihnen die Instrumente und Strategien an die Hand geben, die Sie benötigen, um sich als Führungskraft weiterzuentwickeln und die Herausforderungen von morgen mit Zuversicht und Fachwissen zu meistern. Bereiten Sie sich also auf eine aufschlussreiche Reise zu den entscheidenden Praktiken vor, die Ihnen helfen können, in Ihrer Führungsrolle neue Höhen zu erklimmen.

Bevor wir uns in die Werkzeuge und Techniken stürzen, die Ihre Führung verbessern können, ist es von Vorteil, Fallstudien aus der Praxis zu betrachten. Diese Geschichten bieten reichhaltige, kontextbezogene Lektionen, die die Prinzipien und Fallstricke, die wir besprochen haben, auf eine greifbare Weise beleuchten. Sie werden Fälle finden, in denen Führungskräfte an vorderster Front aufgrund ihres strategischen Ansatzes und ihrer emotionalen Intelligenz aufgestiegen sind, aber auch solche, die aufgrund von Fallstricken wie Mikromanagement oder Vernachlässigung der Selbstfürsorge ins Straucheln geraten sind. Die Analyse dieser realen Szenarien kann Ihnen ein differenziertes Verständnis dafür vermitteln, was Sie als Führungskraft an vorderster Front tun und was Sie nicht tun sollten. Bereiten Sie sich also darauf vor, sich im nächsten Abschnitt mit diesen Berichten zu befassen, denn sie werden Ihnen wertvolle Einblicke und umsetzbare Lektionen bieten.

Kapitel 5: Fallstudien

In den vorangegangenen Kapiteln haben wir uns mit den Eigenschaften, Strategien und Fallstricken befasst, mit denen Führungskräfte an vorderster Front häufig konfrontiert werden. Theorie und Ratschläge sind zwar hilfreich, aber nichts erhellt ein Konzept so gut wie ein Beispiel aus der Praxis. Deshalb werden wir in Kapitel 5 einige überzeugende Fallstudien untersuchen, die die bisher besprochenen Grundsätze zum Leben erwecken. Von einem Kaufhausangestellten, der eine scheiternde Abteilung umkrempelte, bis hin zu einem IT-Fachmann, der eine unternehmensweite Umstrukturierung auslöste, ohne einen formellen Führungstitel zu besitzen, zeigen Ihnen diese Geschichten die transformative Kraft der Führung an vorderster Front. Diese Geschichten sind nicht nur Erzählungen, sondern auch Wegweiser, die Ihnen verwertbare Erkenntnisse für Ihre eigene Führungslaufbahn liefern. Lassen Sie uns eintauchen.

In einer Zeit des harten Wettbewerbs durch Online-Marktplätze befand sich die Elektronikabteilung von Target in einer Krise. Die Umsätze sanken, die Arbeitsmoral war niedrig und die Fluktuation war unangenehm hoch. Es war klar, dass etwas getan werden musste, aber die Veränderung kam nicht von dort, wo die meisten es erwarten würden. Jane, eine Mitarbeiterin der Abteilung, beschloss, dass sie die Dinge zum Besseren wenden könnte, auch wenn sie keine offizielle Führungsposition innehatte.

Jane begann damit, die Ursachen für die Probleme in der Abteilung zu ermitteln. Bei ihren täglichen Interaktionen mit Kunden und Kollegen stellte sie fest, dass mangelnde Produktkenntnisse einer der Hauptfaktoren waren, die zu den geringen Umsätzen beitrugen. Die Mitarbeiter trauten sich nicht, die Merkmale und Vorteile der Produkte zu erläutern, was es schwierig machte, die Kunden anzusprechen und überzeugende Verkaufsgespräche zu führen.

Unbeeindruckt von ihrem Mangel an formellen Befugnissen ergriff Jane die Initiative, ein Schulungsprogramm zu entwickeln. Sie blieb nach ihren Schichten länger, stellte ein Handbuch über die Elektronikprodukte zusammen und koordinierte sogar Produktvorführungen mit den Lieferanten. Als Nächstes schulte sie ihre Kollegen an den Wochenenden und konzentrierte sich dabei auf Produktkenntnisse sowie Upselling- und Cross-Selling-Techniken.

Die Wirkung war fast unmittelbar. Die Mitarbeiter waren selbstbewusster und hatten mehr Freude an ihrer Arbeit, was zu einem positiveren Arbeitsumfeld führte. Aber es ging nicht nur um die Arbeitsmoral, auch die Leistungskennzahlen der Abteilung begannen sich zu verändern. Innerhalb von sechs Monaten nach der Einführung von Janes Schulungsprogramm verzeichnete die Elektronikabteilung einen Umsatzanstieg von 20 % und eine drastische Verringerung der Personalfluktuation.

Die wichtigste Erkenntnis aus dieser Erfolgsgeschichte des Einzelhandels ist, dass Führungsqualitäten in der Tat von jeder Stelle der Unternehmenshierarchie ausgehen können. Janes proaktiver Ansatz und ihre Konzentration auf die Stärkung ihrer Teamkollegen führten zu erheblichen betrieblichen Verbesserungen. Ihr Handeln ist ein Beweis für die transformative Kraft der Bottom-up-Führung und zeigt, wie die Initiative einer einzelnen Person einen Wandel herbeiführen kann, von dem ein ganzes Team und letztlich auch das Unternehmen selbst profitieren.

In der von Männern dominierten Welt des Silicon Valley ist es für toxische Kulturen oft leicht, hinter verschlossenen Türen zu gedeihen. Uber, der Ride-Hailing-Riese, war da keine Ausnahme. Das Unternehmen war in zahlreiche Skandale und Alpträume der Öffentlichkeitsarbeit verwickelt, aber nichts traf so hart wie der Entschluss von Susan Fowler, einer relativ unbekannten Ingenieurin des Unternehmens, ihre Meinung zu sagen. Ihr Mut, die Probleme, mit denen sie bei Uber konfrontiert war, offenzulegen, setzte eine Kette von Ereignissen in Gang, die den Kurs des Unternehmens für immer veränderten.

Susan Fowler kam mit großen Hoffnungen zu Uber, wie viele junge Ingenieure, die von der Verlockung eines schnell wachsenden Technologieunternehmens verführt wurden. Sie fand sich jedoch schnell in einem Netz aus Belästigung, Diskriminierung und einem tief verwurzelten toxischen Arbeitsumfeld verstrickt. Anstatt zu schweigen, entschied sich Fowler, einen detaillierten Bericht über ihre Erfahrungen in einem Blogbeitrag zu veröffentlichen. Sie hatte weder eine Führungsposition inne, noch war sie befugt, unternehmensweite Änderungen vorzunehmen. Dennoch hat ihr ehrlicher, aufschlussreicher Bericht einen Nerv getroffen, sowohl innerhalb als auch außerhalb des Unternehmens.

Die Reaktion kam sofort und war weitreichend. Der Blogbeitrag ging viral, erregte die Aufmerksamkeit von Medien auf der ganzen Welt und sandte Schockwellen durch die Unternehmensstruktur von Uber. Das Unternehmen konnte die von Fowler aufgeworfenen Probleme nicht länger ignorieren, und es wurde eine interne Untersuchung eingeleitet. Dies führte zu einem Welleneffekt monumentalen Ausmaßes: Wichtige Führungskräfte verließen das Unternehmen, und Uber war gezwungen, sich seinen kulturellen Problemen zu stellen. Es wurden neue Richtlinien eingeführt, externe Aufsichtsausschüsse eingerichtet und das Unternehmen verpflichtete sich zu mehr Transparenz in Bezug auf seine internen Angelegenheiten.

Susan Fowler hat uns gezeigt, dass man keinen Führungstitel braucht, um eine Führungskraft zu sein. Indem sie sich entschloss, ihre Geschichte zu erzählen, wirkte sie als Katalysator für einen bedeutenden Wandel in ihrem Unternehmen und beeinflusste das Leben Tausender von Mitarbeitern zum Besseren. Ihr Handeln unterstreicht die Macht, die selbst ein einzelner Mitarbeiter an vorderster Front haben kann, wenn es darum geht, die Unternehmenskultur zu gestalten und sinnvolle Veränderungen voranzutreiben. Wie Fowlers Handeln beweist, geht es bei der Führung nicht um den Titel, den man trägt, sondern um die Maßnahmen, die man ergreift. Und indem sie diese Maßnahmen ergriff, zeigte sie, dass Mitarbeiter an vorderster Front nicht nur

Rädchen in einer Maschine sind, sondern potenzielle Agenten eines wirkungsvollen Wandels.

Die Geschichten von Jane bei Target und Susan Fowler bei Uber bieten mehr als nur Geschichten von individuellem Erfolg oder Mut; sie liefern wichtige Lektionen über die transformative Kraft von Führungskräften an vorderster Front. Diese Fallstudien zeigen, dass jeder in einem Unternehmen, unabhängig von seinem Titel oder Status, das Potenzial hat, sinnvolle Veränderungen herbeizuführen. Beide Frauen waren in völlig unterschiedlichen Branchen und unter verschiedenen Umständen tätig, aber sie hatten gemeinsam, dass sie vor Herausforderungen standen, die sofortige Aufmerksamkeit und Maßnahmen erforderten.

Janes proaktiver Ansatz bei Target verwandelte eine scheiternde Abteilung in eine Erfolgsgeschichte. Ihre Initiativen wurden nicht von der Unternehmensleitung angeordnet oder über ein formelles Programm durchgeführt, sondern entsprangen ihrem eigenen Verständnis dessen, was verbessert werden musste und wie dies am besten erreicht werden konnte. Sie verbesserte nicht nur die Verkaufszahlen und die Mitarbeiterbindung, sondern steigerte auch die Arbeitsmoral und schuf bei ihren Teammitgliedern ein Gefühl der Verantwortung. Janes Geschichte lehrt uns, dass Führungsqualitäten überall in den eigenen Reihen entstehen können und sollten, und dass manchmal die praktischsten Lösungen von denjenigen kommen, die den Problemen am nächsten sind.

Auf der anderen Seite hat Susan Fowlers mutiger Schritt, die Belästigung und Diskriminierung, die sie bei Uber erlebt hat, öffentlich zu machen, Wellen in der gesamten Tech-Branche und darüber hinaus geschlagen. Ihr Handeln führte schließlich zu tiefgreifenden Veränderungen in der Unternehmenskultur und im Management. Fowlers Geschichte ist ein überzeugendes Beispiel für die weitreichenden Auswirkungen, die selbst eine einzelne Person haben kann. Indem sie ihre Erfahrungen mitteilte, löste sie einen dringend benötigten Diskurs über Arbeitsplatzkultur und Ethik aus und bewirkte so systemische Veränderungen in ihrem Unternehmen.

Was können wir aus diesen beiden Geschichten lernen? Erstens bestätigen sie, dass sich Führungsqualitäten in verschiedenen Formen und Situationen manifestieren können - sei es ein Mitarbeiter in einem Einzelhandelsgeschäft, der die Feinheiten von Verkauf und Teamarbeit versteht, oder ein Ingenieur in einem Technologieunternehmen, der sich gegen Ungerechtigkeiten wehrt. Zweitens betonen beide die wichtige Rolle, die Führungskräfte an vorderster Front bei der Gestaltung von Unternehmenskultur, Erfolg und Integrität spielen. Und schließlich, und das ist vielleicht das Wichtigste, zeigen uns diese Geschichten, dass effektive Führung nicht auf die C-Suite-Führungskräfte beschränkt ist. In der heutigen, sich schnell verändernden Welt tun Unternehmen gut daran, Führungsqualitäten auf allen Ebenen zu erkennen und zu fördern. Auf diese Weise bauen sie eine widerstandsfähigere, anpassungsfähigere und erfolgreichere Belegschaft auf.

Zum Abschluss dieses Kapitels möchten wir Folgendes festhalten: Echte Führung muss nicht unbedingt von oben kommen - sie kann von überall her kommen, und ihre Auswirkungen können tiefgreifende Veränderungen bewirken. Daher sollten die Lektionen, die man an der Front gelernt hat, nicht übersehen werden, sondern in umfassendere Strategien für den Erfolg und das Wohlergehen der Organisation integriert werden.

Während wir die Seite mit diesen überzeugenden Fallstudien umblättern, fragen Sie sich vielleicht, wie Sie die gewonnenen Erkenntnisse in Ihrer eigenen Karriere anwenden können. Ganz gleich, ob Sie zum ersten Mal in eine Führungsrolle schlüpfen oder als erfahrener Profi Ihre Fähigkeiten verfeinern wollen, das nächste Kapitel verspricht, eine unschätzbare Ressource zu sein. Wir werden uns eingehend mit den praktischen Aspekten der Führung an vorderster Front befassen und Ihnen ein umfassendes Instrumentarium an die Hand geben, das Sie in Ihrer Rolle noch effektiver machen wird.

Von Mentoring bis hin zu Networking, von Konfliktlösung bis hin zu effektiver Kommunikation - in Kapitel 6 wird eine Vielzahl von Instrumenten und Techniken untersucht, die für jede

Führungskraft wichtig sind, aber insbesondere für diejenigen, die an vorderster Front stehen. Wie wir gelernt haben, befinden sich Führungskräfte an vorderster Front in einer einzigartigen Position, um sowohl ihr Team als auch die gesamte Organisation zu beeinflussen, und das kommende Kapitel wird Ihnen die Strategien an die Hand geben, um genau das zu tun.

Wenn Sie von der transformativen Kraft von Führungskräften an vorderster Front, die in unseren Fallstudien gezeigt wird, inspiriert wurden und diese Kraft für sich selbst nutzen möchten, werden Sie den nächsten Schritt nicht verpassen wollen. Bereiten Sie sich darauf vor, Ihr Verständnis zu vertiefen und Ihre Fähigkeiten zu erweitern, während wir Sie durch die konkreten Schritte führen, die Sie unternehmen können, um eine wirkungsvollere Führungskraft zu werden, ein positives Arbeitsumfeld zu schaffen und sinnvolle Veränderungen in Ihrer Organisation voranzutreiben.

Kapitel 6: Werkzeuge und Techniken für die Führung an vorderster Front

Kapitel 6 zielt darauf ab, die Theorie in die Praxis umzusetzen, indem es Ihnen ein ganzes Arsenal von Werkzeugen und Techniken an die Hand gibt, mit denen Sie Ihre Fähigkeiten als Führungskraft an vorderster Front verbessern können. Während in den vorangegangenen Kapiteln die Grundlagen geschaffen wurden, indem die Merkmale, Fallstricke und Beispiele aus der Praxis für eine effektive Führung an vorderster Front erörtert wurden, verfolgt dieses Kapitel einen eher praktischen Ansatz. Hier geht es darum, praktische Strategien anzubieten, die Sie sofort umsetzen können, und Ihnen nicht nur das "Was", sondern auch das "Wie" zu vermitteln.

Führung, vor allem an der vordersten Front, ist ein Balanceakt. Sie sind gefangen zwischen den Anforderungen der oberen Führungsebene und den Bedürfnissen Ihres Teams, während Sie sich in einem sich schnell verändernden Arbeitsumfeld bewegen. Die Komplexität dieser Rolle erfordert mehr als nur angeborene Eigenschaften oder erlernte Fähigkeiten; sie erfordert eine Reihe von dynamischen Techniken, um verschiedene Situationen effektiv zu meistern. Von der Beherrschung der nuancierten Kunst der Kommunikation bis hin zum Zeitmanagement und der Lösung von Konflikten - dieses Kapitel taucht tief in diese Themen ein. Es bietet konkrete Methoden, um in der herausfordernden, aber lohnenden Welt der Führung an vorderster Front nicht nur zu überleben, sondern zu gedeihen.

Um die komplizierte Dynamik des Führens an der Front zu bewältigen, brauchen Sie einen Werkzeugkasten mit praktischen Fähigkeiten. Dieses Kapitel dient als dieser Werkzeugkasten. Am Ende dieses Kapitels werden Sie eine klarere Vorstellung davon haben, wie Sie Ihre Aufgaben nach Prioritäten ordnen, klar kommunizieren, mit Konflikten umgehen und vieles mehr. Die Fähigkeiten, die Sie sich aneignen werden, sind nicht statisch; sie werden sich mit Ihnen weiterentwickeln, wenn Sie in Ihrer Führungsrolle weiter wachsen. Lassen Sie uns also diese transformativen Werkzeuge und Techniken kennenlernen, die Ihre Führungsqualitäten auf ein neues Niveau heben können.

Effektive Kommunikation ist einer der Grundpfeiler einer guten Führung. Man tappt leicht in die Falle, Kommunikation als Einbahnstraße zu betrachten, in der man als Führungskraft Anweisungen diktiert oder Informationen weitergibt. Die Wahrheit ist jedoch viel differenzierter. Ausgezeichnete Kommunikation ist ein zweiseitiger Prozess, der nicht nur das Sprechen, sondern auch das aktive Zuhören umfasst.

Als Führungskraft an vorderster Front haben Ihre Worte Gewicht. Ob Sie Aufgaben delegieren, konstruktives Feedback geben oder die Vision des Teams formulieren - die Art und Weise, wie Sie Ihre Gedanken vermitteln, kann den Ton für das gesamte Team angeben. Eine klare, präzise Kommunikation verringert Missverständnisse, steigert die Effizienz und hilft, das Team auf die Unternehmensziele auszurichten. Aber Sprechen ist nur die Hälfte der Gleichung.

Zuhören ist eine oft unterschätzte Führungsqualifikation. Aktives Zuhören bedeutet, dass Sie dem Redner Ihre volle Aufmerksamkeit schenken, die Botschaft verstehen, klärende Fragen stellen und angemessenes Feedback geben. So können Sie sich auf die emotionalen Nuancen und die zugrundeliegenden Probleme hinter dem Gesagten einstellen und ein tieferes Verständnis für die Bedürfnisse, Sorgen und Wünsche Ihres Teams entwickeln. Sie werden feststellen, dass Mitarbeiter Führungskräfte schätzen, die ihnen wirklich zuhören, da dies ein Umfeld des Vertrauens und des gegenseitigen Respekts schafft.

Außerdem erhalten Sie durch effektives Zuhören wertvolle Einblicke in den Puls des Unternehmens und können so fundiertere Entscheidungen treffen. Außerdem können Sie so

Probleme angehen, bevor sie eskalieren, und so die Arbeitsmoral und Produktivität des Teams verbessern.

Zusammenfassend lässt sich sagen, dass die Beherrschung einer effektiven Kommunikation - sowohl beim Sprechen als auch beim Zuhören - Ihre Wirkung als Führungskraft an vorderster Front erheblich steigern kann. Dank dieser Fähigkeiten können Sie besser mit Ihrem Team in Kontakt treten und so ein harmonischeres und produktiveres Arbeitsumfeld schaffen.

Aktives Zuhören ist eine Fähigkeit, deren Entwicklung oft bewusste Anstrengung erfordert, die sich aber immens auszahlt. Sie kann Ihr Verständnis für die Teamdynamik, die individuellen Motivationen und sogar für die unausgesprochenen Herausforderungen, mit denen das Team konfrontiert ist, verbessern. Im Folgenden finden Sie einige Tipps, wie Sie Ihre Fähigkeit zum aktiven Zuhören verbessern können, um die Bedürfnisse Ihres Teams besser zu verstehen:

1. Schenken Sie ungeteilte Aufmerksamkeit: Legen Sie alle Ablenkungen beiseite, auch Ihr Telefon oder Ihren Computer, wenn jemand mit Ihnen spricht. Halten Sie Augenkontakt, nicken Sie und geben Sie nonverbale Signale, um zu zeigen, dass Sie aufmerksam sind.

2. Seien Sie aufgeschlossen: Gehen Sie ohne vorgefasste Meinungen oder Urteile in das Gespräch. Wenn Sie aufgeschlossen sind, können Sie das, was die andere Person sagt, vollständig aufnehmen, ohne eine Antwort zu formulieren, während sie noch spricht.

3. Reflektieren und klären: Wenn ein Teammitglied eine unklare Aussage macht, bitten Sie um Klärung, anstatt Vermutungen anzustellen. Sie können Sätze wie "Können Sie das etwas genauer erklären?" oder "Was meinen Sie damit?" verwenden, um zu weiteren Erklärungen aufzufordern.

4. Paraphrasieren: Nachdem der Redner seinen Standpunkt dargelegt hat, umschreiben Sie das Gehörte, um

sicherzustellen, dass Sie es richtig verstanden haben. Dies kann helfen, Missverständnisse in Echtzeit zu klären.

5. Stellen Sie Fragen mit offenem Ende: Offene Fragen fördern den Dialog und geben dem Redner die Möglichkeit, sich ausführlicher zu äußern. Dies kann tiefere Themen oder Ideen zutage fördern, die sonst vielleicht nicht zur Sprache gekommen wären.

6. Bestätigen und Anerkennen: Validierung bedeutet nicht, dass Sie mit dem Gesagten einverstanden sein müssen. Wenn Sie jedoch bestätigen, dass Sie den Standpunkt des Sprechers gehört und verstanden haben, kann dies viel zum Aufbau von Vertrauen beitragen.

7. Unterbrechen Sie nicht: Erlauben Sie dem Redner, seinen Gedanken zu Ende zu führen, bevor Sie sich mit Ihrer Antwort einmischen. Unterbrechungen stören nicht nur den Gesprächsfluss, sondern können auch einer offenen Kommunikation entgegenwirken.

8. Nutzen Sie die Stille weise: Manchmal kann eine Pause Bände sprechen. Schweigen gibt sowohl Ihnen als auch dem Sprecher Zeit zum Nachdenken und Verarbeiten des Gesprächs, was zu einem sinnvolleren Dialog führen kann.

9. Seien Sie präsent: Aktives Zuhören ist nicht nur ein körperlicher, sondern auch ein geistiger Akt. Wenn Sie geistig im Gespräch präsent sind, können Sie Nuancen und Feinheiten erkennen, die Sie sonst vielleicht übersehen würden.

Wenn Sie diese Tipps in Ihre Interaktionen einbeziehen, werden Sie nicht nur ein besseres Verständnis für die Bedürfnisse Ihres Teams gewinnen, sondern auch stärkere, authentischere Beziehungen aufbauen. Aktives Zuhören kann die Art und Weise, wie Sie führen, entscheidend verändern und eine Kultur der Offenheit und des gegenseitigen Respekts fördern.

Durchsetzungsfähige Kommunikation schafft ein Gleichgewicht zwischen zu passiv und zu aggressiv und ermöglicht es Ihnen, Ihre Ideen und Gefühle auf klare, direkte Weise zum Ausdruck zu bringen. Diese Fähigkeit ist für Führungskräfte an vorderster Front unerlässlich, denn sie ermöglicht es Ihnen, Ihre Erwartungen deutlich zu machen, Probleme direkt anzusprechen und sicherzustellen, dass Ihr Team mit den Unternehmenszielen im Einklang steht. Durchsetzungsfähig zu sein bedeutet nicht, aufdringlich oder herrisch zu sein; vielmehr geht es darum, anderen gegenüber respektvoll zu sein und gleichzeitig seinen Standpunkt zu vertreten. Sie sind in der Lage, Ihre Bedürfnisse, Wünsche und Gefühle zu artikulieren, ohne die anderer mit Füßen zu treten. Zu einer selbstbewussten Kommunikation gehört auch, dass man gut zuhören kann, Einfühlungsvermögen zeigt und offen für Feedback ist. Diese Art der Kommunikation fördert ein Umfeld, in dem sich jeder gehört und wertgeschätzt fühlt, was zu einem höheren Maß an Teamzusammenhalt und Produktivität beiträgt. Indem Sie selbstbewusste Kommunikation praktizieren, können Sie eine Arbeitsplatzkultur schaffen, die individuelle Meinungen respektiert und einen offenen Dialog fördert, was zu effektiveren Problemlösungs- und Entscheidungsprozessen führt.

Der Aufbau eines guten Verhältnisses zu Ihrem Team ist ein weiterer Eckpfeiler einer effektiven Führung an vorderster Front. Vertrauen ist die Grundlage jeder erfolgreichen Beziehung, und in einem Führungskontext ist es entscheidend für die Förderung eines kohärenten, leistungsstarken Teams. Eine der effektivsten Methoden, um Vertrauen aufzubauen, ist eine konsequente und offene Kommunikation. Halten Sie Ihr Team über organisatorische Änderungen, Projektstatus und andere relevante Informationen auf dem Laufenden. Wenn die Teammitglieder das Gefühl haben, informiert zu sein, werden sie Ihrer Führung eher vertrauen.

Eine weitere Möglichkeit, ein gutes Verhältnis aufzubauen, besteht darin, echtes Interesse an Ihren Teammitgliedern als Individuen zu zeigen. Lernen Sie sie kennen, erkundigen Sie sich nach ihrem Leben außerhalb der Arbeit und verstehen Sie ihre beruflichen Ziele. Dadurch fühlen sie sich nicht nur wertgeschätzt, sondern Sie können auch Ihren Führungsstil auf die Bedürfnisse und Wünsche der einzelnen Personen abstimmen.

Darüber hinaus kann es sehr vertrauensbildend sein, wenn Sie Ihre eigenen Herausforderungen und Unzulänglichkeiten offenlegen. Niemand ist perfekt, und das Eingestehen von Fehlern zeugt von Demut und verschafft Respekt. Gleichzeitig sollten Sie darauf achten, die Leistungen des Teams anzuerkennen und zu feiern. Anerkennung für harte Arbeit ist ein einfaches, aber wirksames Mittel, um Beziehungen aufzubauen und die Arbeitszufriedenheit zu steigern.

Und schließlich sollten Sie Zuverlässigkeit beweisen. Sagen Sie, was Sie meinen und meinen Sie, was Sie sagen. Beständigkeit in Ihrem Handeln und Ihren Entscheidungen stärkt das Vertrauen. Teammitglieder folgen eher einer Führungskraft, die verlässlich und konsequent ist.

Wenn Sie diese Strategien zum Aufbau von Beziehungen anwenden, stärken Sie nicht nur Ihre Beziehungen zu den einzelnen Teammitgliedern, sondern schaffen auch ein positiveres, kooperatives Arbeitsumfeld. Dies wiederum steigert die Produktivität und schafft die Voraussetzungen für das Erreichen der Unternehmensziele.

Zeitmanagement ist eine weitere wichtige Fähigkeit für Führungskräfte an vorderster Front. Bei einer Vielzahl von Aufgaben - von der Überwachung von Projekten über die Kommunikation mit dem oberen Management bis hin zur Unterstützung Ihres Teams - sorgt ein effektives Zeitmanagement dafür, dass Sie diese Aufgaben erfolgreich bewältigen können. Techniken wie die Eisenhower-Box und die Pomodoro-Technik bieten strukturierte Möglichkeiten, Prioritäten zu setzen und sowohl dringende als auch wichtige Aufgaben zu bewältigen. Die Beherrschung des Zeitmanagements kann zu höherer Produktivität, weniger Stress und mehr Zeit für die strategische Planung und die Entwicklung des Teams führen.

Die Bedeutung des Zeitmanagements für Führung und Entscheidungsfindung kann gar nicht hoch genug eingeschätzt werden. Wer an vorderster Front das Sagen hat, muss zahlreiche Entscheidungen unter Zeitdruck treffen. Ein schlechtes Zeitmanagement kann zu überstürzten Entscheidungen führen, die nicht sorgfältig durchdacht sind, während ein effektives Zeitmanagement es Führungskräften ermöglicht, sich Zeit für Analysen und Überlegungen zu nehmen. Indem sie Aufgaben effektiv nach Prioritäten ordnen und wissen, wann und wie sie delegieren sollten, können Führungskräfte fundiertere Entscheidungen treffen, die mit den Zielen des Teams und der Organisation übereinstimmen. Ein gutes Zeitmanagement gibt Führungskräften außerdem die Möglichkeit, sich auf strategisches Denken zu konzentrieren und Probleme proaktiv anzugehen, anstatt in einem endlosen Kreislauf der Reaktion auf Krisen gefangen zu sein. Die Beherrschung des Zeitmanagements ist daher nicht nur für das Tagesgeschäft, sondern auch für den langfristigen Erfolg in einer Führungsposition unerlässlich.

Die Eisenhower-Box, auch bekannt als Dringend-Wichtig-Matrix, ist ein unschätzbares Instrument für Führungskräfte an vorderster Front, um Aufgaben wirksam zu priorisieren. Mit diesem Instrument werden die Aufgaben nach ihrer Dringlichkeit und Wichtigkeit in vier Kategorien eingeteilt. Aufgaben, die sowohl dringend als auch wichtig sind, müssen sofort erledigt werden, während Aufgaben, die zwar wichtig, aber nicht dringend sind, für einen späteren Zeitpunkt geplant werden können. Aufgaben, die dringend, aber nicht wichtig sind, können delegiert werden, und Aufgaben, die weder dringend noch wichtig sind, können aufgeschoben oder sogar verworfen werden. Die Eisenhower-Box hilft den Führungskräften, sich auf das Wesentliche zu konzentrieren und die wichtigen Aufgaben von den Ablenkungen zu trennen. Auf diese Weise können sie Ressourcen und Zeit sinnvoller einsetzen und sind so besser in der Lage, ihr Team bei der Erreichung der Unternehmensziele zu unterstützen.

Die Pomodoro-Technik ist ein weiteres wichtiges Instrument, das Führungskräften dabei helfen kann, ihre Zeit effektiver zu nutzen. Bei dieser Methode wird die Arbeit in zeitlich festgelegte

Intervalle unterteilt, die in der Regel 25 Minuten lang sind, gefolgt von einer kurzen Pause. Dieser Ansatz trägt dazu bei, den Fokus und die Produktivität aufrechtzuerhalten, indem eine Struktur geschaffen wird, die zu konzentriertem Arbeiten in kurzen Intervallen anregt. Im Laufe der Zeit kann dies zu einer höheren Effizienz führen, da es den Geist frisch hält und lange, komplizierte Aufgaben leichter zu bewältigen sind.

Das Verständnis für die Macht der Aufgabendelegation ist ebenfalls von zentraler Bedeutung für ein effektives Zeitmanagement. Führungskräfte an vorderster Front müssen erkennen, dass sie nicht alles selbst machen müssen. Durch das Delegieren von Aufgaben an Teammitglieder gewinnt die Führungskraft nicht nur Zeit für strategischere Belange, sondern stärkt auch das Team, indem sie ihm ein Gefühl der Eigenverantwortung und der Verantwortung vermittelt. Zu wissen, wann und was zu delegieren ist, ist eine Kunst, die ein tiefes Verständnis der Fähigkeiten und Fachgebiete der einzelnen Teammitglieder erfordert. Durch überlegtes Delegieren können Führungskräfte die Teamleistung optimieren und es jedem ermöglichen, sich auf seine wichtigsten Aktivitäten zu konzentrieren.

Die Lösung von Konflikten ist keine einmalige Angelegenheit, sondern ein fortlaufender Prozess, der ständige Wachsamkeit und Anpassungsfähigkeit erfordert. Wenn neue Herausforderungen auftauchen oder sich die Teamdynamik verändert, können unterschiedliche Arten von Konflikten entstehen. Für Führungskräfte ist es wichtig, das emotionale Klima in ihrem Team kontinuierlich zu bewerten, indem sie es regelmäßig in Einzelgesprächen, Teamsitzungen oder anonymen Umfragen überprüfen. Dieser proaktive Ansatz hilft den Führungskräften, potenzielle Probleme zu erkennen, bevor sie eskalieren, und ermöglicht ein effektiveres Eingreifen.

In Bezug auf die Mediation kann die Beherrschung von Techniken wie aktives Zuhören und unvoreingenommenes Befragen die Fähigkeit einer Führungskraft, einen sinnvollen Dialog zu führen, erheblich verbessern. Bei der Mediation sollten sich die

Führungskräfte bemühen, ein Umfeld zu schaffen, in dem sich jede Partei gehört und verstanden fühlt. Dazu gehört oft, dass man die einzelnen Personen ermutigt, sich klar auszudrücken, dass man offene Fragen stellt, um das Thema zu vertiefen, und dass man das Gesagte zusammenfasst, um sicherzustellen, dass alle auf derselben Seite stehen. Darüber hinaus ist die Unparteilichkeit während der Mediation von entscheidender Bedeutung; eine Parteinahme kann Konflikte weiter eskalieren lassen und das Vertrauen innerhalb des Teams untergraben.

Bei der Schaffung eines sicheren Raums geht es um mehr als nur um die Lösung von Konflikten, wenn sie entstehen. Es geht darum, eine kontinuierliche Kultur der Offenheit und des Respekts zu fördern, die alle Interaktionen durchdringt, nicht nur die schwierigen Gespräche. Führungskräfte können dies vorleben, indem sie sich verletzlich zeigen, Fehler zugeben und aktiv nach Feedback zur Verbesserung suchen. Außerdem sollten sie die Teammitglieder dazu befähigen, sich ihre Rolle zu eigen zu machen, was auch bedeutet, dass sie die Autonomie haben, Bedenken zu äußern oder Änderungen vorzuschlagen. Die Einführung einer regelmäßigen Feedbackschleife, in der die Teammitglieder ihre Gedanken und Bedenken offen mitteilen können, trägt zu einer Kultur bei, in der sich jeder für das Gesamtwohl des Teams verantwortlich fühlt.

Zu einer wirksamen Konfliktlösung gehört ein vielschichtiger Ansatz, der das frühzeitige Erkennen von Problemen, den Einsatz von Mediationstechniken und die Aufrechterhaltung einer offenen, respektvollen Kultur umfasst. Die Beherrschung dieser Aspekte führt nicht nur zur Lösung von Konflikten, sondern stärkt auch langfristig den Zusammenhalt und die Widerstandsfähigkeit des Teams.

Mentoring bietet eine Fülle von Möglichkeiten für berufliches und persönliches Wachstum. Ob in Ihrem Unternehmen oder in der gesamten Branche, Mentoren bieten unschätzbare Einblicke aus ihren eigenen Erfahrungen und fungieren als vertrauenswürdige Führer auf Ihrem Weg zur Führungskraft. Sie bieten nicht nur technische oder taktische Ratschläge, sondern auch allgemeines

Wissen über Karriereentwicklung, Networking und sogar Work-Life-Balance. Ein Mentor ist mehr als nur ein Resonanzboden, er hilft Ihnen bei der Bewältigung komplexer Situationen und bietet eine langfristige Beziehung, die sich im Laufe der Zeit an die sich ändernden Bedürfnisse anpassen kann. Wichtig ist auch, dass ein Mentor Verantwortung übernimmt und Ihnen dabei hilft, sich Ziele zu setzen und diese auf strukturierte Weise zu erreichen.

Coaching wird zwar manchmal gleichbedeutend mit Mentoring verwendet, hat aber oft eine unmittelbarere und kompetenzorientiertere Wirkung. Dabei kann es sich um eine Reihe von gezielten Sitzungen handeln, um eine bestimmte Fähigkeit zu verbessern oder ein bestimmtes Problem zu lösen. Effektives Coaching beruht auf der Fähigkeit, sowohl Stärken als auch verbesserungswürdige Bereiche zu erkennen und konstruktive, umsetzbare Ratschläge zu geben. Führungskräfte können Coaching-Techniken einsetzen, um ihre Teammitglieder zu stärken, wobei es weniger darum geht, direkte Lösungen zu geben, sondern vielmehr darum, den Problemlösungsprozess zu erleichtern. Dies fördert die Selbstständigkeit und Belastbarkeit der Teammitglieder und stattet sie mit dem nötigen Rüstzeug aus, um künftige Herausforderungen eigenständig zu bewältigen.

Peer-Reviews und Feedback können in die regulären Abläufe eines Teams integriert werden, um eine ständige Verbesserung zu fördern und eine Kultur der Transparenz zu schaffen. Sie ermöglichen es den Teammitgliedern, sowohl Geber als auch Empfänger von Feedback zu sein, was eine ausgewogene Machtdynamik fördert, die in traditionelleren hierarchischen Umgebungen fehlen kann. Konstruktives, nicht kritisches Feedback ermutigt die Teammitglieder, nach Lösungen zu suchen, anstatt Schuldzuweisungen zu machen. Dies dient einem doppelten Zweck: Es gibt den Teammitgliedern die Möglichkeit, sich zu äußern, und hilft, blinde Flecken zu erkennen, die sonst unbemerkt bleiben würden. Führungskräfte an vorderster Front sollten diese Kultur aktiv pflegen, indem sie sowohl Feedback geben als auch offen annehmen und so die Voraussetzungen für einen ständigen Dialog über Leistung und Erwartungen schaffen.

Mentoring, Coaching und ein aktives Feedbacksystem bilden zusammen ein robustes Ökosystem für kontinuierliches Lernen und Entwicklung. Sie bieten jeweils einzigartige Vorteile, sind aber am effektivsten, wenn sie im Tandem eingesetzt werden, um eine abgerundete Strategie für das Wachstum von Führungskräften und Teams zu schaffen.

Emotionale Intelligenz ist ein Eckpfeiler effektiver Führungsarbeit, insbesondere im Zusammenhang mit Aufgaben an vorderster Front, bei denen zwischenmenschliche Beziehungen entscheidend sind. Im Kern ermöglicht emotionale Intelligenz, die eigenen Emotionen und die anderer zu verstehen und zu steuern, was gesündere Interaktionen und Entscheidungen ermöglicht. Ihre Bedeutung kann gar nicht hoch genug eingeschätzt werden, denn selbst die rationalsten und am besten durchdachten Entscheidungen können durch mangelndes emotionales Verständnis oder mangelnde emotionale Kontrolle zunichte gemacht werden.

Selbsterkenntnis ist der erste Schritt beim Aufbau emotionaler Intelligenz. Dabei geht es darum, den eigenen emotionalen Zustand zu erkennen und zu verstehen, wie er das eigene Handeln beeinflussen kann. Hilfsmittel wie Achtsamkeitspraktiken, reflektierende Tagebuchführung oder sogar psychometrische Tests können bei der Verbesserung der Selbstwahrnehmung hilfreich sein. Die Selbstregulierung baut auf der Selbstwahrnehmung auf und beinhaltet die Kontrolle oder Umlenkung störender Emotionen oder Impulse. Dies ist von entscheidender Bedeutung in einer Führungsposition, in der plötzliche Entscheidungen getroffen werden müssen, ohne dass der Einfluss starker Emotionen wie Wut oder Frustration getrübt wird. Eine wirksame Selbstregulierung ist auch ein starkes Beispiel für die Teammitglieder und stärkt eine Kultur der emotionalen Reife.

Empathie fügt der emotionalen Intelligenz eine weitere Ebene hinzu, indem sie das Verständnis über die eigene Person hinaus auf die Teammitglieder ausdehnt. Es geht nicht nur darum, Emotionen bei anderen zu erkennen, sondern auch die Ursache zu verstehen und ein gemeinsames Gefühl für die Erfahrung zu haben. Empathie ermöglicht es Ihnen, sich auf die subtilen Hinweise oder Signale einzustellen, die von Teammitgliedern ausgehen, sei es, dass Sie Unzufriedenheit spüren, obwohl Sie sich nicht beschweren, oder dass Sie die Aufregung erkennen, die sich positiv kanalisieren lässt. Die Betonung von Empathie in Ihrem Führungsstil fördert ein kohärenteres und engagierteres Team, das sich gehört und verstanden fühlt und sich folglich stärker engagiert.

Indem Sie emotionale Intelligenz in Ihr Führungsinstrumentarium integrieren, einschließlich der Dimensionen Selbstwahrnehmung, Selbstregulierung und Empathie, schaffen Sie die Voraussetzungen für ein harmonischeres und effektiveres Arbeitsumfeld. Dies stärkt nicht nur Ihre eigene Führungsfähigkeit, sondern verbessert auch die Teamdynamik, die Belastbarkeit und die Gesamtproduktivität.

Die in diesem Kapitel besprochenen Instrumente und Techniken bilden einen vielschichtigen Ansatz für die Führung an vorderster Front. Ob es um die Beherrschung effektiver Kommunikation, die Optimierung des Zeitmanagements, die Lösung von Konflikten oder die Verbesserung der emotionalen Intelligenz geht, jedes dieser Elemente erfüllt eine einzigartige, aber miteinander verknüpfte Aufgabe. So ist beispielsweise eine effektive Kommunikation eng mit der emotionalen Intelligenz verknüpft; das eine kann ohne das andere kaum effektiv sein. Ebenso kann ein geschicktes Zeitmanagement Möglichkeiten für Mentorenschaft und Coaching freisetzen, Elemente, die ihrerseits ein kohärenteres, effizienteres und zufriedeneres Team begünstigen.

Entscheidend ist, dass Führung nie eine statische Eigenschaft ist. Die Landschaft der Teamdynamik, der organisatorischen Ziele und sogar der globalen Marktbedingungen ist in ständigem Wandel begriffen. Dies erfordert, dass Führungskräfte, insbesondere diejenigen an der Spitze, ihre Fähigkeiten ständig aktualisieren und verfeinern. Ob es sich nun um ein neues Kommunikationstool handelt, das eine bessere Zusammenarbeit im Team ermöglicht, oder um einen weiterentwickelten Ansatz zur Konfliktlösung, es ist nicht nur empfehlenswert, sondern unerlässlich, auf dem Laufenden zu bleiben.

Das geschäftliche Umfeld entwickelt sich ständig weiter, und das sollte auch Ihr Führungskonzept berücksichtigen. Die Bereitschaft, sich anzupassen, zu lernen und zu wachsen, ist das, was außergewöhnliche Führungskräfte von anderen unterscheidet. In den folgenden Kapiteln werden wir mehr darüber erfahren, wie Sie sich in Ihrer Führungslaufbahn weiterentwickeln können, um sicherzustellen, dass Sie nicht nur für die Herausforderungen von heute gerüstet sind, sondern auch für die Unwägbarkeiten von morgen.

Zum Abschluss unserer umfassenden Betrachtung der Instrumente und Techniken, die Ihre Effektivität als Führungskraft an vorderster Front steigern können, ist es nun an der Zeit zu überlegen, wie Sie diese Effektivität messen können. Im kommenden Kapitel 7 werden wir uns mit einem wichtigen, aber oft übersehenen Aspekt der Führung befassen: Selbsteinschätzung und Anpassungsfähigkeit. Woher wissen Sie, ob Ihr Führungsstil zu den gewünschten Ergebnissen führt? Welche Messgrößen können Sie verwenden, um die immateriellen Faktoren wie die Moral des Teams oder die Effizienz der Zusammenarbeit zu messen? Und, was vielleicht am wichtigsten ist, wie können Sie Ihren Stil anpassen, um den sich verändernden Bedürfnissen Ihres Teams besser gerecht zu werden? Wir werden diese und weitere Fragen erörtern und Ihnen die Instrumente an die Hand geben, mit denen Sie nicht nur Ihren Erfolg messen, sondern auch datengestützte Anpassungen Ihres Führungsstils vornehmen können. Dies ist ein wichtiger nächster Schritt auf Ihrem Weg zu einer außergewöhnlichen Führungskraft. Bleiben Sie dran.

Kapitel 7: Geeignete Führungsstile für die Frontlinie

In diesem Kapitel befassen wir uns mit den Arten von Führungsstilen, die an vorderster Front besonders effektiv sind. Das Verständnis dieser Stile ist nicht nur akademisch, sondern auch entscheidend für die effektive Bewältigung der vielfältigen Herausforderungen, denen Sie an der Spitze jeder Organisation begegnen. Sie sind oft die erste Anlaufstelle, der unmittelbare Problemlöser und der Entscheidungsträger vor Ort. Als solcher brauchen Sie ein vielseitiges Instrumentarium an Führungsansätzen. Im Folgenden werden wir verschiedene Führungsstile erörtern, von der dienenden Führung, bei der die Bedürfnisse des Teams im Mittelpunkt stehen, bis zur adaptiven Führung, bei der es um Flexibilität und Reaktionsfähigkeit geht. Wir werden uns ansehen, was jeder Stil mit sich bringt, wie er mit den einzigartigen Anforderungen der Führung an vorderster Front in Einklang steht, und Beispiele nennen, in denen jeder Stil erfolgreich eingesetzt wurde. Am Ende dieses Kapitels sollten Sie ein abgerundetes Verständnis dafür haben, welche Führungsstile zu Ihnen passen und wie Sie sie in Ihrem Arbeitsalltag einsetzen können.

Servant Leadership ist ein Führungsstil, bei dem die Verpflichtung der Führungskraft im Mittelpunkt steht, ihren Teammitgliedern zu dienen. Zu den wichtigsten Grundsätzen gehören Einfühlungsvermögen, Zuhören, Verantwortungsbewusstsein und der Aufbau einer Gemeinschaft. Es geht darum, die traditionelle Organisationspyramide auf den Kopf zu stellen, die Bedürfnisse der Teammitglieder in den Vordergrund zu stellen und ihnen zu helfen, sich zu entwickeln und ihr maximales Potenzial auszuschöpfen.

Im Zusammenhang mit der Führung an der vordersten Front eignet sich das Modell der "Servant Leadership" besonders gut.

Führungskräfte an der vordersten Front sind von Natur aus näher am Kerngeschäft und kennen oft die unmittelbaren Bedürfnisse, Herausforderungen und Möglichkeiten des Teams sehr genau. Durch die Übernahme eines dienenden Führungsstils können sie diese Probleme effektiv angehen, was zu einem kohärenteren und produktiveren Team führt. So können sie beispielsweise besser auf unmittelbare betriebliche Herausforderungen reagieren, sich schnell an das Feedback der Mitarbeiter anpassen und die allgemeine Moral und das Engagement des Teams verbessern.

Was Fallstudien betrifft, die diesen Stil in der Praxis veranschaulichen, so sei hier das Beispiel einer Einrichtung des Gesundheitswesens genannt, in der ein Vorgesetzter aus dem Pflegebereich die Grundsätze der dienenden Führung mit großem Erfolg anwandte. Anstatt Methoden und Prozesse vorzuschreiben, hörte sich der Vorgesetzte die Bedenken der Krankenschwestern bezüglich der Patientenversorgung an und bezog sie in die Entscheidungsfindung ein. Dies führte zu einer höheren Arbeitszufriedenheit unter den Krankenschwestern, einer geringeren Fluktuation und vor allem zu einer besseren Patientenversorgung. Ein weiteres Beispiel stammt aus der Technologiebranche, wo ein Projektmanager durch dienende Führung einzelnen Entwicklern mehr Autonomie und Mitspracherecht bei Projektentscheidungen einräumte. Das Ergebnis war ein hoch motiviertes Team, kürzere Zykluszeiten und Produkte, die den Kundenbedürfnissen besser entsprachen.

Diese Beispiele unterstreichen die Wirksamkeit von Servant Leadership, insbesondere in Funktionen, in denen die Führungskräfte in direktem Kontakt mit den operativen Aspekten und den Teammitgliedern stehen, die diese ausführen.

Adaptive Leadership ist ein Führungsstil, bei dem die Fähigkeit im Vordergrund steht, sich an veränderte Umstände anzupassen, schnelle Entscheidungen auf der Grundlage neuer Informationen zu treffen und Strategien als Reaktion auf sich verändernde Bedingungen ständig neu zu justieren. Im Gegensatz zu traditionelleren Formen der Führung, die sich auf Stabilität, Kontrolle und die Bewahrung des Status quo konzentrieren, geht es bei der adaptiven Führung darum, mit Komplexität und Unsicherheit umzugehen. Sie ermutigt Führungskräfte dazu, einfallsreiche Problemlöser zu sein, die in ihrem Ansatz flexibel und experimentierfreudig sind, auch wenn dies bedeutet, kalkulierte Risiken einzugehen.

Dieser Führungsstil eignet sich hervorragend für das dynamische und unvorhersehbare Umfeld, in dem sich Führungskräfte an der Front oft wiederfinden. Ob im Einzelhandel, im Gesundheitswesen oder in der Technologiebranche - an vorderster Front gibt es immer wieder unmittelbare Herausforderungen, die schnelle und effektive Lösungen erfordern. Die Märkte ändern sich, die Anforderungen der Kunden entwickeln sich weiter und unerwartete Probleme tauchen regelmäßig auf. In solchen Umgebungen zeichnet sich eine anpassungsfähige Führungskraft aus. Sie reagieren nicht nur auf die unmittelbaren Herausforderungen, sondern sind auch in der Lage, potenzielle künftige Veränderungen vorherzusehen und ihre Teams entsprechend vorzubereiten. Sie haben ein Händchen dafür, Herausforderungen in Lern- und Wachstumschancen umzuwandeln, sowohl für sich selbst als auch für ihre Teams.

Schauen wir uns einige Beispiele aus der Praxis an, um die Auswirkungen einer adaptiven Führung zu verstehen. In einem Fertigungsunternehmen erkannte eine adaptive Führungskraft schnell die Auswirkungen einer weltweiten Rohstoffknappheit. Anstatt einfach weiterzumachen wie bisher und auf das Beste zu hoffen, bezog diese Führungskraft das Team in Brainstorming-Sitzungen ein, die zu innovativen Möglichkeiten der Verwendung von recycelten Materialien führten. Dadurch wurde nicht nur die unmittelbare Krise entschärft, sondern es kam auch zu langfristigen Kosteneinsparungen und einem umweltfreundlicheren Produktionsprozess.

Ein weiteres Beispiel stammt aus der Dienstleistungsbranche, wo ein Kundendienstleiter die Teammitglieder befähigte, vor Ort Entscheidungen zur Lösung von Kundenbeschwerden zu treffen, anstatt sich an ein starres Protokoll zu halten. Diese Anpassungsfähigkeit steigerte die Kundenzufriedenheit und verkürzte die Zeit, die für die Lösung der einzelnen Beschwerden aufgewendet werden musste, was letztlich zu einer höheren Effizienz und einem zufriedeneren Kundenstamm führte.

Adaptive Leadership ist nicht nur ein theoretisches Konzept, sondern eine praktische, umsetzbare Strategie, die in dynamischen Umgebungen an vorderster Front zu echten Verbesserungen führen kann. Sie entspricht dem Bedürfnis nach schneller Entscheidungsfindung, Problemlösung und der Fähigkeit, Herausforderungen in Chancen zu verwandeln. Eine anpassungsfähige Führungskraft zu sein bedeutet, auf das Unerwartete vorbereitet zu sein und die Fähigkeiten und die Einstellung zu haben, Herausforderungen in Sprungbretter für Wachstum zu verwandeln.

Transformationale Führung ist ein Führungsstil, der über das bloße Management des Tagesgeschäfts hinausgeht und die Teammitglieder zu einem höheren Funktions- und Leistungsniveau inspiriert und motiviert. Im Kern geht es darum, ein Umfeld zu schaffen, in dem sich jeder Einzelne wertgeschätzt und inspiriert fühlt und das ihn dazu anspornt, die Erwartungen zu übertreffen. Transformationale Führungskräfte erreichen dies durch eine Kombination aus klarer Vision, enthusiastischer Kommunikation, intellektueller Stimulation und individueller Berücksichtigung der Bedürfnisse und Bestrebungen jedes Teammitglieds.

Dieser Führungsstil ist besonders für Führungskräfte an vorderster Front relevant, die langfristige Veränderungen herbeiführen wollen. Wenn Sie an der vordersten Front stehen, sind Sie in einer einzigartigen Position, um nicht nur die betrieblichen Ergebnisse, sondern auch die Kultur Ihres Arbeitsumfelds direkt zu beeinflussen. Ganz gleich, ob es um die Verbesserung der Arbeitsmoral, die Steigerung der Effizienz oder die Förderung von Innovationen geht, transformationale Führung gibt Führungskräften an vorderster Front die Strategien an die Hand, um diese Veränderungen zu bewirken. Sie tun dies, indem sie bestehende Systeme und Prozesse in Frage stellen, zu unkonventionellem Denken ermutigen und Teammitglieder befähigen, über ihre individuelle Rolle hinaus zu sehen und das Gesamtbild der Organisation zu erfassen.

Um ein konkretes Verständnis zu vermitteln, betrachten wir einige Fälle, in denen transformationale Führung eine messbare Auswirkung an der Frontlinie gehabt hat. In einer Gesundheitseinrichtung nutzte eine Pflegedienstleiterin die Grundsätze der transformationalen Führung, um einen stärker patientenzentrierten Ansatz zu fördern. Durch die Formulierung einer klaren Vision für eine bessere Patientenversorgung und die aktive Einbeziehung der Mitarbeiter in die Planungs- und Entscheidungsprozesse gelang es dieser Führungskraft, ein Team zu bilden, das die Leistungsziele nicht nur erfüllte, sondern übertraf und gleichzeitig eine höhere Patientenzufriedenheit erreichte.

Ein weiteres Beispiel stammt aus der Technologiebranche, wo ein Frontmanager in einem Softwareentwicklungsunternehmen den Schwerpunkt des Teams von der bloßen Einhaltung von Fristen auf die Überschreitung der Grenzen der Innovation verlagerte. Der Manager tat dies, indem er anspruchsvolle Ziele setzte und das Team ermutigte, innovative Lösungen für komplexe Probleme zu finden. Das Ergebnis war, dass das Team nicht nur seine Ziele erfüllte, sondern auch Patente für zwei neue Technologien anmeldete, die aus ihren Brainstorming-Sitzungen hervorgingen.

Die Führungskräfte an vorderster Front hatten nicht nur "das Sagen", sondern waren auch Beeinflusser, Motivatoren und Veränderer. Sie verstanden das Potenzial ihres Teams und waren in der Lage, es durch aktives Engagement, intellektuelle Anregung und vor allem durch die Macht des Beispiels freizusetzen.
Die transformationale Führung bietet Führungskräften an vorderster Front ein wirksames Modell, um Teams zu inspirieren und einen sinnvollen Wandel herbeizuführen. Es ermöglicht den Führungskräften, über ein aufgabenorientiertes Management hinauszugehen und ein Umfeld zu schaffen, in dem die Teammitglieder inspiriert werden, ihr Bestes zu geben und nicht nur zu den unmittelbaren Zielen, sondern auch zum langfristigen Erfolg der Organisation beizutragen.

Demokratische Führung ist ein partizipativer Führungsstil, der die Teammitglieder aktiv in den Entscheidungsprozess einbezieht. Im Gegensatz zur autokratischen Führung, bei der Entscheidungen einseitig von der Führungskraft getroffen werden, wird bei der demokratischen Führung versucht, einen Konsens zu erzielen, indem Meinungen, Vorschläge und Feedback von den Teammitgliedern eingeholt werden. Dieser Ansatz basiert auf der Prämisse, dass kollektiver Input zu einer besseren Entscheidungsfindung, höherem Teamengagement und einem integrativeren Arbeitsumfeld führt.

An vorderster Front können die Vorteile einer demokratischen Führung besonders ausgeprägt sein. Teammitglieder an der vordersten Front sind oft am nächsten an den operativen Aspekten des Geschäfts, den Kunden oder den organisatorischen Herausforderungen dran und verfügen daher über unschätzbare Erkenntnisse, die in einer Top-down-Managementstruktur möglicherweise übersehen werden. In einem Einzelhandelsunternehmen beispielsweise können die Mitarbeiter, die direkt mit den Kunden interagieren, wichtiges Feedback zu Kundenpräferenzen, Problemen und Verbesserungsvorschlägen geben. Die Einbeziehung dieses Feedbacks in die Entscheidungsprozesse kann zu effektiveren Strategien zur Kundenbindung und Umsatzsteigerung führen.

Betrachten wir einige Beispiele, um die Auswirkungen demokratischer Führung an vorderster Front zu verdeutlichen. In einem Produktionsbetrieb entschied sich ein Vorgesetzter für einen demokratischen Ansatz, um das Problem der sinkenden Produktivität anzugehen. Anstatt neue Maßnahmen auf der Grundlage der Sichtweise des oberen Managements durchzusetzen, organisierte der Vorgesetzte Brainstorming-Sitzungen mit dem Team. Diese Sitzungen führten zu innovativen Lösungen, wie z. B. Anpassungen der Arbeitsabläufe und Rotationspläne, die nicht nur die Produktivität verbesserten, sondern auch die Moral des Teams stärkten. Die Teammitglieder fühlten sich wertgeschätzt und gestärkt, da sie wussten, dass ihr Beitrag einen direkten Einfluss auf die betrieblichen Entscheidungen hatte.

Ein weiteres Beispiel stammt aus dem Gesundheitswesen, wo eine leitende Krankenschwester, die ihr Team in Entscheidungen über die Dienstplanung einbezog, zu besseren Schichtwechseln und weniger Beschwerden über Burnout führte. Da die Mitarbeiter selbst Teil des Entscheidungsprozesses waren, fühlten sie sich stärker verantwortlich, was die allgemeine Arbeitszufriedenheit und den Zusammenhalt des Teams verbesserte.

Der demokratische Ansatz machte die Mitarbeiter an der Front zu Beteiligten an ihren Arbeitsprozessen. Dies führte zu besseren Entscheidungen, die besser auf die Feinheiten der anstehenden Aufgaben abgestimmt waren. Außerdem setzten sich die Teammitglieder stärker für die Umsetzung von Entscheidungen ein, bei denen sie ein Mitspracherecht hatten, was den Widerstand gegen Veränderungen verringerte und die Effektivität insgesamt erhöhte.

Demokratische Führung bietet einen kollaborativen Rahmen, der sich an vorderster Front als sehr nützlich erweisen kann. Indem sie die Teammitglieder in den Entscheidungsprozess einbeziehen, treffen die Führungskräfte nicht nur fundiertere Entscheidungen, sondern bauen auch ein engagierteres, verantwortungsbewussteres und leistungsfähigeres Team auf.

Autoritärer Führungsstil, der oft mit autokratischen oder diktatorischen Führungsstilen verwechselt wird, unterscheidet sich insofern von diesen, als er eine starke Führung mit einem hohen Maß an Fürsorge für Menschen und Ergebnisse verbindet. Dieser Stil zeichnet sich häufig durch die zuversichtliche Vision der Führungskraft für das Team und ihre Fähigkeit aus, die Mitglieder auf ein gemeinsames Ziel hinzuführen. Er beinhaltet zwar eine klare Hierarchie und einen klaren Entscheidungsfindungsprozess, ist aber nicht frei von Empathie, emotionaler Intelligenz oder Feedback.

Es gibt Zeiten, in denen ein autoritärer Ansatz nicht nur vorteilhaft, sondern unerlässlich ist. In Notfallsituationen, in denen schnelle Entscheidungen getroffen werden müssen, kann ein autoritärer Leiter das Team entscheidend führen. Stellen Sie sich einen Feuerwehrmann vor, der einen Trupp in ein brennendes Gebäude führt; in einer sich schnell entwickelnden Situation, in der viel auf dem Spiel steht, gibt es wenig Raum für kollektive Entscheidungen. Ähnlich verhält es sich in Unternehmen, die mit unmittelbaren Bedrohungen konfrontiert sind, wie z. B. einem plötzlichen Rückgang des Marktanteils oder kritischen Betriebsausfällen: Eine autoritative Führungspersönlichkeit kann die entscheidenden Maßnahmen ergreifen, um die Krise zu bewältigen.

Die Wirksamkeit eines autoritären Stils bedeutet nicht, dass Führungskräfte Empathie oder Verständnis ignorieren sollten. Das Gleichgewicht zwischen Autorität und emotionaler Intelligenz ist entscheidend. In Krisensituationen erkennt eine autoritäre Führungskraft den emotionalen Zustand des Teams an und gibt nicht nur Anweisungen, sondern auch Sicherheit und Motivation. Sie machen deutlich, dass sofortiges Handeln zwar nicht verhandelbar ist, die unternommenen Schritte aber im besten Interesse des Teams und der gesamten Organisation liegen.

Schauen wir uns einige Situationen an, in denen sich ein autoritativer Stil besonders bewährt hat. In einem Softwareentwicklungsunternehmen, das mit einer schwerwiegenden Datenpanne konfrontiert war, wählte der Teamleiter einen autoritativen Stil, um sofortige Maßnahmen anzuordnen. Er gab den Teammitgliedern klare Aufgaben zur Eindämmung der Datenpanne vor, verdeutlichte die Dringlichkeit und den Ernst der Lage, brachte aber auch sein Vertrauen in die Fähigkeit des Teams zum Ausdruck, die Krise zu bewältigen. Sein autoritärer und zugleich einfühlsamer Ansatz half dem Team, die Situation erfolgreich zu meistern und den Einbruch schneller als erwartet einzudämmen.

In einem anderen Beispiel aus dem Gesundheitswesen musste eine Oberschwester die Leitung übernehmen, als die Notaufnahme aufgrund eines Unfalls überfüllt war. Ihre maßgeblichen Anweisungen halfen dabei, Prioritäten zu setzen, Ressourcen zuzuweisen und im Wesentlichen Ordnung in das Chaos zu bringen. Gleichzeitig nahm sie sich Zeit, um nach dem

Wohlbefinden ihres Teams zu sehen, sprach ihm Mut zu und sorgte dafür, dass es kurze Pausen einlegte, um ein Burnout zu vermeiden.

Autoritärer Führungsstil kann daher unglaublich effektiv sein, wenn es darum geht, sofortige, wirkungsvolle Ergebnisse zu erzielen, insbesondere in Situationen mit hohem Druck, die schnelles, entschlossenes Handeln erfordern. Damit dieser Stil jedoch am effektivsten ist, muss er mit Einfühlungsvermögen und Verständnis angewandt werden, Faktoren, die dazu dienen, die Führungskraft zu vermenschlichen und den autoritativen Ansatz für die Teammitglieder akzeptabler und respektabler zu machen.

Zum Abschluss dieses Kapitels ist es wichtig, sich bewusst zu machen, dass es keinen einheitlichen Führungsansatz gibt, vor allem nicht im Zusammenhang mit der Arbeit an vorderster Front, wo das Arbeitsumfeld dynamisch und voller Unwägbarkeiten sein kann. Wir haben verschiedene Führungsstile untersucht - dienende Führung, adaptive Führung, transformationale Führung, demokratische Führung und autoritative Führung -, von denen jeder seine eigenen Vorteile und Herausforderungen bietet, wenn er an vorderster Front eingesetzt wird.

Dienende Führung mit ihrem Schwerpunkt auf dem Verständnis und der Erfüllung der Bedürfnisse des Teams ist besonders auf die einfühlsamen und unterstützenden Qualitäten ausgerichtet, die Führungskräfte an vorderster Front oft verkörpern. Adaptive Leadership bietet ein Instrumentarium zur Bewältigung sich schnell ändernder Umstände, eine Realität, die bei der Arbeit an vorderster Front nur allzu bekannt ist. Transformational Leadership zielt auf langfristige, systemische Veränderungen ab und eignet sich für Führungskräfte, die einen nachhaltigen Einfluss auf ihr Team und die Organisation ausüben wollen. Demokratische Führung bietet den Vorteil einer kollektiven Entscheidungsfindung, bei der die unterschiedlichen Fähigkeiten und Perspektiven der Teammitglieder genutzt werden. Und schließlich bietet die autoritative Führung einen strukturierten, entschlossenen Ansatz, der in Krisensituationen oder wenn sofortiges Handeln erforderlich ist, unverzichtbar sein kann.

Für Führungskräfte ist es entscheidend, sich nicht auf einen Stil festzulegen. Eine wirklich effektive Führungskraft zeichnet sich durch ihre Vielseitigkeit und ihre Fähigkeit aus, ihren Führungsstil an die Erfordernisse einer Situation anzupassen. Eine Führungskraft an vorderster Front muss in einem Moment eine dienende Führungskraft sein, die die Bedürfnisse ihres Teams in den Vordergrund stellt, und im nächsten eine autoritäre Führungskraft, die in einem Krisenszenario schnelle Entscheidungen trifft. Das dogmatische Festhalten an einem Stil kann die Effektivität einer Führungskraft einschränken und zu verpassten Chancen oder schlecht bewältigten Krisen führen.

In einer sich schnell entwickelnden Arbeitswelt ist es für Führungskräfte wichtiger denn je, flexibel, einfühlsam und situationsbewusst zu sein. Es geht nicht darum, sich für einen Führungsstil zu entscheiden, sondern vielmehr darum, ein Repertoire an Stilen aufzubauen, auf das Sie je nach Situation zurückgreifen können. Ihre Fähigkeit, zwischen diesen Stilen zu wechseln und manchmal sogar Elemente verschiedener Ansätze zu kombinieren, wird Ihre Effektivität als Führungskraft an vorderster Front erheblich steigern. Seien Sie daher auf Ihrem weiteren Weg als Führungskraft offen und bereit, sich anzupassen und weiterzuentwickeln. Diese Flexibilität macht Sie nicht nur zu einer besseren Führungskraft, sondern dient auch als Vorbild für Ihr Team und fördert ein Umfeld, das von Flexibilität, Belastbarkeit und ständigem Lernen geprägt ist.

Zum Abschluss unserer Erkundung verschiedener Führungsstile, die sich für die Arbeit an der Front eignen, fragen Sie sich vielleicht, wie Sie diese Ansätze effektiv kombinieren können, um einen differenzierteren, anpassungsfähigeren Führungsstil zu entwickeln. Bleiben Sie dran für das nächste Kapitel, in dem wir uns mit der Kunst der Kombination verschiedener Führungsphilosophien befassen werden. Wir werden untersuchen, wie Sie sich anpassen und zwischen verschiedenen Stilen wechseln können, manchmal sogar innerhalb derselben Interaktion, um den Bedürfnissen Ihres Teams und Ihren Unternehmenszielen gerecht zu werden. Die Fähigkeit, fließend zwischen verschiedenen Führungsstilen zu wechseln, kann Ihren

Einfluss und Ihre Effektivität erhöhen, und Kapitel 8 bietet praktische Anleitungen, wie Sie diese Fähigkeit meistern können.

Kapitel 8: Aufbau einer Teamkultur

Die Effizienz eines jeden Teams, vor allem an der Front, ist eng mit seiner Kultur verknüpft. Die Kultur wirkt wie ein Klebstoff, der die Teammitglieder verbindet, sie auf gemeinsame Ziele ausrichtet und gleichzeitig ein unterstützendes und kreatives Umfeld schafft. Sie ist ein unausgesprochener, aber allgegenwärtiger Faktor, der das Team entweder zu neuen Höhen führen oder es in die Dysfunktionalität hinabziehen kann. Dieses Kapitel soll Führungskräften an vorderster Front verwertbare Einblicke in den Aufbau einer robusten, gesunden Teamkultur geben.

Wir beginnen mit dem Konzept der psychologischen Sicherheit, einem grundlegenden Element, das Teammitglieder dazu ermutigt, ihre Meinung zu sagen, ohne Angst vor Spott oder Tadel zu haben. Ein psychologisch sicheres Umfeld steigert nicht nur das emotionale Wohlbefinden des Teams, sondern dient auch als Katalysator für Innovation und Effizienz.

Als Nächstes befassen wir uns mit den Mechanismen von Motivation und Belohnungssystemen. Zu verstehen, was die Leidenschaft und das Engagement Ihrer Teammitglieder antreibt, ist ausschlaggebend für die Schaffung eines Umfelds, in dem hervorragende Leistungen nicht nur erwartet, sondern auch gefeiert werden. Hier werden wir sowohl intrinsische als auch extrinsische Motivatoren betrachten und untersuchen, wie ein gut strukturiertes Belohnungssystem positive Verhaltensweisen und Ergebnisse fördern kann.

Wir werden auch die entscheidenden Aspekte der Integration und der Kommunikation erörtern, die der Teamkultur weitere Dimensionen verleihen. Eine integrative Kultur begrüßt Vielfalt, sei es in Bezug auf die ethnische Zugehörigkeit, das Geschlecht oder auch unterschiedliche Denk- und Problemlösungsansätze. Eine klare und transparente Kommunikation bildet das Rückgrat dieser Kulturelemente und stellt sicher, dass die Teammitglieder aufeinander abgestimmt sind und sich engagieren.

Schließlich werden wir das Gleichgewicht zwischen den Bedürfnissen des Einzelnen und des Teams untersuchen. Zwar ist es von entscheidender Bedeutung, die Ziele des Unternehmens zu erreichen, doch sollten die Wünsche und Anliegen der einzelnen Teammitglieder nicht außer Acht gelassen werden. Ein harmonisches Gleichgewicht kann zu einem Szenario führen, in dem sowohl das Team als auch die Teammitglieder zusammenwachsen und neue Gipfel der Leistung und Arbeitszufriedenheit erklimmen.

Dieses Kapitel bietet nicht nur theoretische Grundlagen, sondern auch Fallstudien und Beispiele aus der Praxis, die die Anwendung dieser Konzepte nachvollziehbarer und einfacher machen. Es ist an der Zeit, einzutauchen und zu erkunden, wie Sie als Führungskraft an vorderster Front eine lebendige, florierende Teamkultur kultivieren können.

Der Begriff "psychologische Sicherheit" hat in der Organisationspsychologie und in der Führungslehre stark an Bedeutung gewonnen, aber was bedeutet er wirklich? Im Kern bezieht sich psychologische Sicherheit auf ein Klima, in dem sich Teammitglieder sicher genug fühlen, um zwischenmenschliche Risiken einzugehen. Es handelt sich um ein Umfeld, in dem sich die Mitarbeiter wohlfühlen und ihre Gedanken, Fragen und Bedenken äußern können, ohne Angst vor Spott oder Bestrafung zu haben.

Warum ist psychologische Sicherheit am Arbeitsplatz so wichtig? Die Antwort liegt in ihren vielfältigen Vorteilen, die sowohl die Produktivität als auch das Wohlbefinden betreffen. Wenn sich Teammitglieder sicher fühlen, sind sie eher bereit, sich positiv zu verhalten, z. B. Informationen auszutauschen, konstruktive Kritik zu üben und gemeinsam Probleme zu lösen. Dies wirkt sich kaskadenartig auf die Produktivität aus und führt dazu, dass die

Teams ihr volles Potenzial ausschöpfen. Darüber hinaus fördert ein psychologisch sicheres Umfeld das Wohlbefinden der Mitarbeiter, indem es Stress und Arbeitsunzufriedenheit reduziert, was letztlich zu niedrigeren Fluktuationsraten und höherem Engagement beiträgt.

Wie kann eine Führungskraft an der Spitze dieses wesentliche Element in ihrer Teamkultur schaffen? Eine wirksame Methode besteht darin, offene Foren zu veranstalten, in denen die Teammitglieder Herausforderungen, Chancen oder andere interessante Themen offen diskutieren können, ohne ein Urteil befürchten zu müssen. Der Schlüssel dazu ist, dass die Führungskraft aktiv zuhört und einfühlsam antwortet und so den Ton für künftige Interaktionen vorgibt. Regelmäßige Einzelgespräche können ebenfalls von Vorteil sein, da sie Gelegenheit zu persönlicheren Gesprächen bieten und es den Teammitgliedern ermöglichen, Bedenken zu äußern, die sie in einem Gruppenrahmen vielleicht nicht so gerne mitteilen würden.

Das Technologieunternehmen Google liefert ein überzeugendes Beispiel aus der Praxis, wie psychologische Sicherheit die Teamdynamik verändern kann. In einer zweijährigen Studie, die als Projekt Aristoteles bekannt ist, versuchte Google, die Faktoren zu ermitteln, die zu effektiven Teams beitragen. Eines der herausragenden Ergebnisse war die entscheidende Bedeutung der psychologischen Sicherheit für den Teamerfolg. Teams mit einem hohen Maß an psychologischer Sicherheit übertrafen ihre Konkurrenten in verschiedenen Bereichen, darunter Arbeitszufriedenheit, Fluktuation und vor allem Produktivität.

Psychologische Sicherheit ist nicht nur ein weiteres Schlagwort, sondern eine wichtige Komponente, die die Teamkultur, die Produktivität und das Wohlbefinden erheblich beeinflusst. Als Führungskraft an vorderster Front kann die Förderung einer Kultur, in der psychologische Sicherheit geschätzt und praktiziert wird, greifbare Vorteile bringen und ist somit eine lohnende Investition für jedes Team.

Um ein hohes Maß an Leistung und Engagement zu erreichen, ist es von entscheidender Bedeutung zu verstehen, was Ihr Team motiviert. Motivation am Arbeitsplatz lässt sich grob in zwei Arten einteilen: intrinsische und extrinsische Motivation. Intrinsische Motivatoren sind interne Faktoren, die eine Person zur Erledigung einer Aufgabe anspornen, z. B. das Gefühl, etwas erreicht zu haben oder persönlich zu wachsen. Extrinsische Motivatoren hingegen sind externe Faktoren wie Gehaltserhöhungen, Beförderungen oder öffentliche Anerkennung. Wenn Sie als Führungskraft wissen, was die einzelnen Mitglieder Ihres Teams antreibt, können Sie Ihren Führungsstil und Ihr Belohnungssystem so anpassen, dass diese Motivatoren effektiv genutzt werden.

Anerkennung und Belohnungen sind wirksame Instrumente, um das Verhalten von Teams zu beeinflussen. Der einfache Akt der Anerkennung einer gut gemachten Arbeit kann viel dazu beitragen, positives Verhalten zu verstärken, die Arbeitszufriedenheit zu erhöhen und folglich zur Erreichung der Teamziele beizutragen. Es ist jedoch entscheidend, dass die angebotenen Belohnungen oder Anerkennungen als fair und sinnvoll empfunden werden. Ein allgemeiner, pauschaler Ansatz kann demotivierend wirken und sogar zu Spannungen im Team führen. Daher ist die Einführung eines strukturierten und dennoch flexiblen Belohnungssystems, das die individuellen Präferenzen und Beiträge berücksichtigt, von entscheidender Bedeutung.

Wie können Sie also ein Belohnungssystem entwerfen, das all diese Punkte erfüllt? Zunächst sollten Sie die Teammitglieder aktiv in den Prozess einbeziehen. Führen Sie Umfragen oder Diskussionen durch, um herauszufinden, welche Arten von Belohnungen sie am sinnvollsten finden würden. Vielleicht ist es ein flexibler Arbeitsplan, eine Gelegenheit zur Weiterentwicklung von Fähigkeiten oder sogar ein einfaches Lob in einer Teambesprechung. Achten Sie auf eine gerechte Verteilung der Belohnungen, die sich nicht nur an den Ergebnissen, sondern auch an den Anstrengungen und Verbesserungen orientiert. Dies fördert eine Kultur, in der alle Arten von Beiträgen gewürdigt werden, und motiviert so eine breitere Schicht Ihres Teams, ihr Bestes zu geben.

Eine überzeugende Fallstudie stammt aus dem Vertriebssektor, wo gut konzipierte Motivations- und Belohnungssysteme seit langem als Schlüsselfaktoren für den Erfolg anerkannt sind. Xerox, ein bekanntes Unternehmen aus der Technologiebranche, hat sein Belohnungssystem überarbeitet und nicht nur monetäre Anreize, sondern auch nicht-finanzielle Belohnungen wie berufliche Entwicklungsmöglichkeiten und öffentliche Anerkennung eingeführt. Die Ergebnisse waren verblüffend: höhere Verkaufsleistung, geringere Personalfluktuation und eine insgesamt höhere Mitarbeiterzufriedenheit. Das System diente nicht nur dazu, die Mitarbeiter für kurzfristige Gewinne zu motivieren, sondern auch ihre persönliche Entwicklung mit den langfristigen Zielen des Unternehmens in Einklang zu bringen.

Die intrinsischen und extrinsischen Motivatoren Ihres Teams zu verstehen und zu nutzen, kann die Leistung und die Zufriedenheit Ihres Teams erheblich verbessern. In Verbindung mit einem gut durchdachten Belohnungssystem ergibt sich eine wirkungsvolle Kombination, die die Effektivität und den Zusammenhalt Ihres Teams erheblich beeinflussen kann.

Vielfalt, Gleichberechtigung und Integration sind mehr als nur Schlagworte; sie sind wichtige Elemente, die zur allgemeinen Gesundheit und Leistung eines Teams beitragen. In einer Gesellschaft, die sich zunehmend durch ihre vielfältige Zusammensetzung definiert, ist eine integrative Teamkultur nicht nur ein ethischer, sondern auch ein wirtschaftlicher Imperativ. Vielfältige Teams sind nachweislich kreativer, innovativer und sogar profitabler. Durch die Zusammenführung von Menschen mit unterschiedlichem Hintergrund, aus verschiedenen Kulturen und mit unterschiedlichen Erfahrungen schaffen Unternehmen die Voraussetzungen für eine größere Vielfalt von Perspektiven, die zu bahnbrechenden Ideen und Lösungen führen können.

Die Schaffung einer integrativen Teamkultur beginnt mit achtsamen Einstellungspraktiken. Der erste Schritt besteht darin, den Talentpool zu erweitern, indem Vorurteile in Stellenbeschreibungen und Bewerbungsverfahren beseitigt werden. Der Einsatz von unvoreingenommenen KI-Tools für die erste Überprüfung von Bewerbungen und die Durchführung von Diversity-Schulungen für Gesprächsrunden sind praktische Maßnahmen, um gleiche Voraussetzungen zu schaffen. Allerdings sollte die Inklusion nicht bei der Einstellung aufhören. Sie sollte ein kontinuierlicher Prozess sein, der jede Facette der Teaminteraktion durchdringt. Einfache Praktiken, wie z. B. die abwechselnde Leitung von Besprechungen, die Schaffung von Plattformen, auf denen jeder zu Wort kommen kann, und das Achten auf Sprache und Verhalten, können einen großen Unterschied ausmachen.

Das Gefühl der Zugehörigkeit zu einem Team kann die Arbeitszufriedenheit und die Leistung enorm beeinflussen. Das Google-Projekt Aristoteles, eine Studie, in der untersucht wurde, was ein Team bei Google effektiv macht, ergab beispielsweise, dass psychologische Sicherheit - die Möglichkeit, Risiken einzugehen, ohne sich unsicher oder peinlich berührt zu fühlen - der wichtigste Faktor ist. Dieses Gefühl der Sicherheit ist in einem Umfeld, in dem Vielfalt zelebriert wird und alle Teammitglieder das Gefühl haben, dass ihre Stimme gehört und geschätzt wird, leichter zu erreichen.

Die Tech-Branche bietet ein reales Beispiel, das die transformative Kraft der Inklusivität zeigt. Als Slack Technologies feststellte, dass die Zahl der Frauen in technischen Positionen zu gering war, aktualisierte das Unternehmen nicht nur seine Einstellungspraktiken. Das Unternehmen konzentrierte sich auch auf die Schaffung einer Kultur, die Vielfalt und Inklusion zelebriert. Auf diese Weise wurde nicht nur die Zahl der Frauen in diesen Positionen erhöht, sondern auch ein Umfeld geschaffen, in dem Innovation gedeiht. Ihre neuen Teams waren bei der Problemlösung effektiver und zeigten ein höheres Maß an Kreativität, was zeigt, dass Inklusion greifbare Vorteile haben kann.

Eine integrative Teamkultur ist nicht nur eine bewährte HR-Praxis, sondern ein strategischer Faktor, der Ihr Team zum Erfolg führen kann. Sie führt zu innovativeren Lösungen, höherer Arbeitszufriedenheit und besseren Leistungsergebnissen. Als Führungskraft an vorderster Front spielen Sie eine entscheidende Rolle, wenn es darum geht, den Ton für eine solche Kultur anzugeben. Die Vorteile, sowohl ethischer als auch betrieblicher Art, sind zu bedeutend, um sie zu ignorieren.

Die Kommunikation ist das Herzstück jeder effektiven Teamkultur. Ein Team, das gut kommuniziert, ist wie eine gut geölte Maschine: Jeder Teil kennt seine Rolle, versteht die Rollen der anderen und kann sich anpassen, wenn Veränderungen auftreten. Eine klare, transparente Kommunikation sorgt nicht nur dafür, dass alle Beteiligten auf dem gleichen Stand sind, sondern schafft auch Vertrauen, fördert das Gemeinschaftsgefühl und kann verhindern, dass sich kleine Probleme zu großen auswachsen.

Das digitale Zeitalter bietet eine Vielzahl von Tools, die eine bessere Kommunikation zwischen den Teammitgliedern ermöglichen sollen, von Instant-Messaging-Plattformen bis hin zu Projektmanagement-Software. Das Werkzeug ist jedoch nur so effektiv wie seine Nutzung. Für Führungskräfte ist es wichtig, Normen und Erwartungen für diese Plattformen festzulegen. Wann sollte man eine E-Mail und wann eine Sofortnachricht senden? Welche Antwortzeiten sind zu erwarten? Ohne einige Richtlinien besteht die Gefahr, dass Sie mehr Verwirrung stiften, statt weniger.

Effektive Kommunikation geht auch über den Austausch von Projektstatus oder die Festlegung von Aufgaben hinaus. Es geht darum, ein Umfeld zu schaffen, in dem Teammitglieder offen ihre Ideen mitteilen, Bedenken äußern und Feedback geben können. Hier kommt den Führungskräften an vorderster Front eine entscheidende Rolle zu. Sie können den Ton angeben, indem sie als Erste etwas mitteilen und andere dazu ermutigen, es ihnen gleichzutun. Führungskräfte sollten sich auch regelmäßig mit den Teammitgliedern austauschen, sowohl kollektiv als auch individuell, denn dies zeigt nicht nur, dass sie sich um ihr

Wohlergehen sorgen, sondern ermöglicht auch die frühzeitige Erkennung von Problemen, die auftreten könnten.

Transparenz ist eine weitere Facette der offenen Kommunikation und für den Aufbau von Vertrauen von entscheidender Bedeutung. Das bedeutet nicht, dass alle verfügbaren Informationen weitergegeben werden müssen, sondern dass genug kommuniziert wird, damit die Teammitglieder das Gefühl haben, dass ihnen vertraut wird und sie gut informiert sind. Transparenz kommt vor allem in Zeiten des Wandels oder der Krise ins Spiel. Das Fehlen einer klaren, transparenten Kommunikation in solchen Zeiten kann zu Spekulationen führen, die oft negativer ausfallen als die Realität. Führungskräfte, die das "Warum", "Was" und "Wie" der Situation kommunizieren, verhindern Missverständnisse und tragen zu einer widerstandsfähigeren und anpassungsfähigeren Teamkultur bei.

In der Geschäftswelt gibt es zahlreiche Beispiele dafür, wie Transparenz über den Erfolg eines Teams entscheiden kann. Ein solches Beispiel ist die Umgestaltung von Microsoft unter der Leitung von Satya Nadella. Als er das Unternehmen übernahm, legte er den Schwerpunkt auf eine Veränderung der Unternehmenskultur hin zu mehr Offenheit und Zusammenarbeit. Durch eine Reihe von Maßnahmen, darunter klarere Kommunikationskanäle und mehr Transparenz bei der Entscheidungsfindung, gelang es ihm, das Vertrauen wiederherzustellen und das Unternehmen zu beeindruckenden Geschäftsergebnissen zu führen.

Wirksame Kommunikation und Transparenz sind keine einmaligen Aufgaben, sondern kontinuierliche Prozesse, die eine aktive Beteiligung der Führungskräfte erfordern. Vor allem die Führungskräfte an der Spitze haben einen großen Einfluss darauf, wie gut ihre Teams kommunizieren. Indem sie bewusst ein offenes, transparentes Umfeld schaffen, können Führungskräfte eine starke Teamkultur etablieren, die zu besseren Ergebnissen führt und ein zufriedenstellenderes Arbeitsumfeld für alle Beteiligten schafft.

Eine der komplexesten Herausforderungen für Führungskräfte besteht darin, die kollektiven Bedürfnisse des Teams mit den individuellen Bedürfnissen und Bestrebungen der Mitglieder in Einklang zu bringen. In dem Bestreben, organisatorische Ziele und Fristen einzuhalten, werden die individuellen Beiträge und Bedürfnisse leicht in den Hintergrund gedrängt. Werden jedoch die persönlichen Ziele und das Wohlbefinden der Teammitglieder vernachlässigt, kann sich dies langfristig nachteilig auf die Arbeitsmoral und Produktivität des Teams auswirken.

Als Führungskraft ist es wichtig zu erkennen, dass Ihr Team aus Individuen besteht, die ihre eigenen Fähigkeiten, Motivationen und Karriereziele haben. Sich die Zeit zu nehmen, diese individuellen Eigenschaften zu verstehen, ist der erste Schritt, um ein Gleichgewicht zwischen kollektiven und individuellen Bedürfnissen herzustellen. Einzelgespräche können hierfür eine hervorragende Plattform sein, die jedem Teammitglied die Möglichkeit gibt, über seine Arbeit zu sprechen, seine Herausforderungen mitzuteilen und seine Karriereziele zu formulieren. Auf diese Weise fühlt sich nicht nur jedes einzelne Teammitglied geschätzt und gehört, sondern die Führungskraft erhält auch unschätzbare Erkenntnisse darüber, wie sie das Team effektiver führen kann.

Sobald eine Führungskraft die einzigartigen Motivationen und Herausforderungen jedes einzelnen Teammitglieds versteht, kann sie damit beginnen, die individuellen Ziele mit den kollektiven Zielen des Teams in Einklang zu bringen. Wenn ein Teammitglied beispielsweise Interesse an der Entwicklung einer bestimmten Fähigkeit zeigt, kann das Delegieren von Aufgaben, die dazu beitragen, diese Fähigkeit zu kultivieren, zu einer Win-Win-Situation führen: Der Einzelne fühlt sich persönlich weiterentwickelt, und das Team profitiert von den verbesserten Fähigkeiten.

Zu den Strategien, mit denen sichergestellt werden kann, dass niemand zurückbleibt, gehören regelmäßige Überprüfungen der Fortschritte sowohl der Gruppe als auch des Einzelnen sowie die Förderung einer Kultur des offenen Feedbacks. Peer Reviews können hier ebenfalls eine Rolle spielen; sie ermöglichen ein vielschichtiges Verständnis der Teamdynamik und können aufzeigen, ob sich jemand ausgegrenzt oder übersehen fühlt.

Die Schaffung einer ausgewogenen Kultur ist nicht nur in der Theorie gut, sondern hat nachweislich geschäftliche Vorteile. Nehmen Sie das Beispiel von Googles Projekt Aristoteles, einer Studie, die darauf abzielte, die Dynamik effektiver Teams zu verstehen. Eines der wichtigsten Ergebnisse war das Konzept der "psychologischen Sicherheit", bei dem es vor allem darauf ankommt, die Bedürfnisse des Einzelnen und des Teams in Einklang zu bringen. In den effektivsten Teams fühlten sich die Mitglieder sicher, sich selbst auszudrücken, ihre individuellen Beiträge wurden geschätzt, und infolgedessen verbesserte sich die kollektive Teamleistung. Eine weitere Fallstudie, die mir in den Sinn kommt, ist die von Salesforce, das unter der Leitung von Marc Benioff das Wohlbefinden der einzelnen Mitarbeiter konsequent in den Vordergrund gestellt hat, was zu außergewöhnlichen Teamergebnissen geführt hat und das Unternehmen regelmäßig auf den Listen der "besten Arbeitgeber" erscheinen lässt.

Die Herausforderung, die Bedürfnisse des Einzelnen und des Teams in Einklang zu bringen, ist ein ständiger Prozess, der bewusste Anstrengungen, regelmäßige Beurteilungen und vor allem eine menschliche Note erfordert. Eine erfolgreiche Führungskraft treibt das Team nicht nur zur Erreichung kollektiver Ziele an, sondern fördert auch die individuellen Stärken und Bestrebungen der Teammitglieder. Auf diese Weise schaffen sie nicht nur ein effektiveres Team, sondern auch ein erfüllenderes, engagierteres Arbeitsumfeld.

In der Welt der Führung an vorderster Front ist die Schaffung einer robusten Teamkultur keine einmalige Aufgabe, sondern eine ständige Verpflichtung. Jedes Element, das wir erörtert haben - psychologische Sicherheit, Motivations- und Belohnungssysteme, integrative Kultur, Kommunikation und Transparenz sowie ein ausgewogenes Verhältnis zwischen den Bedürfnissen des Einzelnen und des Teams - dient als Baustein bei der Schaffung einer Teamkultur, die nicht nur gesund, sondern auch hochproduktiv ist. Jeder dieser Aspekte ist zwar wichtig, wird aber exponentiell stärker, wenn er in einen umfassenden Ansatz für das Teammanagement integriert wird.

Psychologische Sicherheit schafft die Grundlage für Vertrauen, das eine offene Kommunikation und den Austausch von Ideen ermöglicht. Motivations- und Belohnungssysteme sorgen dafür, dass das Team motiviert und fokussiert bleibt, und tragen direkt zur Zufriedenheit des Einzelnen und zu den kollektiven Zielen bei. Eine integrative Kultur sorgt dafür, dass alle Stimmen gehört und gewürdigt werden, was die Vielfalt und Innovation bei der Lösung von Problemen im Team fördert. Eine transparente Kommunikation sorgt dafür, dass alle an einem Strang ziehen, und fördert das Vertrauen, so dass es leichter ist, Herausforderungen zu meistern und Erfolge gemeinsam zu feiern. Und schließlich sorgt das Gleichgewicht zwischen den Bedürfnissen des Einzelnen und des Teams für langfristiges Engagement und Produktivität, indem es ein unterstützendes Umfeld schafft, in dem die Mitarbeiter ihre beste Arbeit leisten können.

Für die Führungskräfte an vorderster Front ist die Aufrechterhaltung dieser Kultur kein Szenario, das man einfach so hinnehmen kann. Sie erfordert ständige Wachsamkeit, regelmäßige Überprüfungen und die Bereitschaft, sich anzupassen und weiterzuentwickeln. Wenn Ihr Team wächst und sich das Organisationsklima ändert, muss sich auch die Kultur, die Sie sich hart erarbeitet haben, anpassen. Neue Mitglieder werden eine neue Dynamik mit sich bringen, und der Druck von außen wird die Belastbarkeit und Anpassungsfähigkeit Ihrer Kultur auf die Probe stellen. Hier zeigt sich das wahre Engagement einer Führungspersönlichkeit an vorderster Front. Die konsequente Anwendung dieser Grundsätze, selbst angesichts von Veränderungen und Ungewissheit, ist der Schlüssel zur Aufrechterhaltung einer robusten Teamkultur.

Eine gesunde Teamkultur ist nicht nur ein abstraktes Ideal, sondern steht in direktem Zusammenhang mit dem langfristigen Erfolg eines Unternehmens. Wenn sich Teammitglieder wertgeschätzt, verstanden und motiviert fühlen, sind sie eher bereit, sich zu engagieren und vor allem produktiv zu sein. Unternehmen, die eine positive Teamkultur erkennen und in diese investieren, profitieren nachweislich von einer höheren Produktivität, einer niedrigeren Fluktuationsrate und einer höheren Mitarbeiterzufriedenheit, die alle zu einem guten Ergebnis beitragen.

Zusammenfassend lässt sich sagen, dass der Aufbau einer Teamkultur ein komplexes, vielschichtiges Unterfangen ist, das anhaltende Anstrengungen, ein differenziertes Verständnis und eine erhebliche emotionale Investition erfordert. Das Ergebnis ist jedoch nicht nur ein zufriedenes Team, sondern auch eine erfolgreichere und widerstandsfähigere Organisation. Indem sie in diese Bausteine der Teamkultur investieren, können Führungskräfte an vorderster Front eine entscheidende Rolle dabei spielen, ihr Unternehmen zu langfristigem Erfolg zu führen.

Politik im Büro wird oft als Tabuthema betrachtet, aber in Wirklichkeit gibt es sie in fast jedem Unternehmen, und wenn man weiß, wie man damit umgeht, kann das für die eigene Karriere den entscheidenden Unterschied ausmachen. Das nächste Kapitel bietet einen taktischen Einblick in den Aufbau von Allianzen und wie man sich aus dem Drama heraushält. Ganz gleich, ob Sie ein erfahrener Veteran in der Unternehmenswelt sind oder gerade erst Ihre ersten Schritte machen, die Beherrschung der Kunst des politischen Scharfsinns kann Ihnen helfen, Konflikte zu überwinden und eine effektivere Führungskraft zu werden. Ob Sie lernen, wie Sie Brücken zu Kollegen und Vorgesetzten bauen können, oder wie Sie Dramen am Arbeitsplatz elegant umgehen, das nächste Kapitel verspricht umsetzbare Ratschläge für ein erfolgreiches Navigieren durch die komplexen Gewässer der Büropolitik. Bleiben Sie dran!

Kapitel 9: Die Politik im Büro

In jeder Organisation lässt sich das Thema Büropolitik nicht einfach vermeiden. Auch wenn der Begriff oft negativ besetzt ist, ist es wichtig zu erkennen, dass nicht jede Art von Politik im Büro nachteilig ist. Tatsächlich kann die politische Landschaft eines Unternehmens, wenn sie geschickt genutzt wird, Chancen für Wachstum, effektive Teamarbeit und beruflichen Aufstieg bieten. Für Führungskräfte an vorderster Front ist es nicht nur eine Fähigkeit, sondern eine Notwendigkeit, diese Dynamik zu verstehen. Die Büropolitik beeinflusst alles - von der Zuweisung von Ressourcen bis hin zu Beförderungsmöglichkeiten und der allgemeinen Arbeitsplatzkultur.

Die Politik an Ihrem Arbeitsplatz zu ignorieren ist keine Option, wenn Sie als Führungskraft an vorderster Front erfolgreich sein wollen. Auch wenn Sie vielleicht nicht den organisatorischen Einfluss einer Führungskraft haben, bietet Ihre Rolle an der Basis einzigartige Einblicke und Möglichkeiten, wertvolle Allianzen zu bilden. Gleichzeitig setzt sie Sie potenziellen Dramen und Konflikten aus, die einen geschickten Umgang erfordern. Dieses Kapitel soll Ihnen die Werkzeuge und Strategien an die Hand geben, mit denen Sie in diesem komplexen Umfeld nicht nur überleben, sondern auch gedeihen können.

Wir werden untersuchen, wie der Aufbau von Allianzen mit Gleichaltrigen und sogar Vorgesetzten als Multiplikator für Ihre Führungsbemühungen wirken kann. Dabei geht es nicht um Kriecherei oder Günstlingswirtschaft, sondern um den Aufbau echter, für beide Seiten vorteilhafter Beziehungen. Im Gegensatz dazu werden wir uns auch damit befassen, wie Sie Ihre Gelassenheit und Effektivität bewahren können, wenn am Arbeitsplatz Dramen oder Konflikte auftreten. Dies beinhaltet heikle Manöver, um sicherzustellen, dass Sie Teil der Lösung und nicht des Problems sind.

Darüber hinaus gehen wir auf die ethischen Überlegungen ein, die mit dem Umgang mit der Büropolitik verbunden sind. Nur weil eine bestimmte Handlung Ihre Karriere vorantreiben könnte, heißt das nicht unbedingt, dass Sie sie auch tun sollten, vor allem wenn sie Ihre Integrität oder die des Unternehmens gefährdet. Schließlich werden wir uns ansehen, wie emotionale Intelligenz Ihr größtes Kapital sein kann, wenn es darum geht, den Raum zu lesen und die unausgesprochenen Regeln und Allianzen zu verstehen, die die politische Landschaft Ihres Arbeitsplatzes ausmachen.

In der Berufswelt sind Allianzen mehr als bloße Freundschaften oder zufällige Verbindungen; es handelt sich um strategische Beziehungen, die sich erheblich auf Ihre berufliche Laufbahn und Ihre tägliche Arbeitszufriedenheit auswirken können. Für Führungskräfte an vorderster Front sind diese Beziehungen besonders wichtig. In Ihrer Position, die häufig mit direktem Kundenkontakt oder unmittelbarer praktischer Arbeit verbunden ist, haben Sie vielleicht nicht immer das Ohr der oberen Führungsebene. Strategische Allianzen können Ihnen dabei helfen, Ihre Meinungen, Bedenken oder Vorschläge an Stellen vorzubringen, zu denen Sie möglicherweise keinen direkten Zugang haben.

Die Strategien zum Aufbau dieser Beziehungen sind je nach Person und Art der Tätigkeit unterschiedlich, beginnen aber im Allgemeinen mit einer soliden Vertrauensbasis. Vertrauen lässt sich durch Beständigkeit in Ihrer Arbeit, Offenheit für Zusammenarbeit und die Bereitschaft, zuzuhören und andere Perspektiven zu berücksichtigen, aufbauen. Sobald diese Grundlage geschaffen ist, wird es einfacher, eine offene Kommunikation aufrechtzuerhalten. Das bedeutet nicht, dass Sie der Büroklatscher sein sollten, sondern vielmehr, dass Sie jemand sein sollten, mit dem man über berufliche Angelegenheiten sprechen kann, ohne unnötige Dramen befürchten zu müssen.

Auch wenn der Drang, sich mit Vorgesetzten zu verbünden, vorteilhafter erscheinen mag, sollten Sie die Macht von Peer-to-Peer-Beziehungen nicht außer Acht lassen. Kollegen können

Einblicke in die Arbeitsweise anderer Abteilungen gewähren, emotionale Unterstützung bieten und bei gemeinsamen Projekten unschätzbare Verbündete sein. Selbst Beziehungen zu Konkurrenten können fruchtbar sein. Auch wenn Sie um dieselben Beförderungen oder Projekte konkurrieren, kann eine respektvolle Rivalität Sie beide dazu anspornen, besser zu werden.

Der Aufbau von Allianzen ist jedoch nicht ohne Tücken. Man muss vorsichtig sein und Grenzen setzen. Einem Kollegen bei einem Projekt zu helfen ist eine Sache, seine Arbeit für ihn zu erledigen eine andere. Ein Verbündeter zu sein, bedeutet nicht, ein Schwächling zu sein. Es ist wichtig zu wissen, wann man eine helfende Hand ausstrecken und wann man sich auf seine Verantwortung konzentrieren sollte. Genauso wichtig ist die Erkenntnis, dass nicht jede Beziehung in eine Allianz umgewandelt werden kann oder sollte. Beurteilen Sie die Authentizität und den potenziellen gegenseitigen Nutzen der Beziehung, bevor Sie Ihre Zeit und Energie investieren.

Mehrere Fallstudien unterstreichen die Bedeutung des Aufbaus von Allianzen. In einem bemerkenswerten Beispiel bildete ein Junior-Analyst in einem Finanzunternehmen eine strategische Allianz mit einer Führungskraft. Der Analyst versorgte die Führungskraft mit unschätzbaren Dateneinblicken, und im Gegenzug betreute die Führungskraft den Analysten. Diese Beziehung war nicht nur für beide von Vorteil, sondern auch für das Unternehmen, denn sie führte zu fundierteren Entscheidungsprozessen.

In einem anderen Fall beschlossen zwei konkurrierende Vertriebsteammitglieder, sich gegenseitig über bewährte Verfahren auszutauschen, was dazu führte, dass beide ihre Ziele übertrafen. Ihre Allianz war kein Nullsummenspiel, sondern führte zu mehr Erfolg für beide und zu einem gesünderen, kooperativeren Teamumfeld.

Der Aufbau von Allianzen ist eine differenzierte Aufgabe, die sich jedoch enorm auszahlt. Richtig gemacht, kann sie zu beruflichem Wachstum, höherer Arbeitszufriedenheit und einem harmonischeren Arbeitsumfeld führen. Es ist eine wichtige Strategie für jeden, besonders aber für Führungskräfte an der Front, die sich in größeren Organisationen oft isoliert oder ungehört fühlen.

Dramen am Arbeitsplatz können ein zersetzendes Element sein, das die Produktivität stark beeinträchtigt und das psychische Wohlbefinden gefährdet. Es kann ein einst geschlossenes Team in eine zersplitterte Gruppe von Individuen verwandeln, die sich mehr auf interne Streitigkeiten als auf das Erreichen der Unternehmensziele konzentrieren. Für Führungskräfte an vorderster Front, die bereits mit der Komplexität ihrer Aufgaben konfrontiert sind, kann es nicht nur eine Ablenkung, sondern auch ein erhebliches Hindernis für die berufliche Entwicklung darstellen, wenn sie in ein Bürodrama verwickelt werden.

Das Erkennen und Vermeiden von Dramen beginnt mit einem ausgeprägten Situationsbewusstsein. Dazu gehört es, nicht nur die offene, sondern auch die subtile Dynamik am Arbeitsplatz zu verstehen. Sind bestimmte Themen heikel und sollten vermieden werden? Gibt es Personen, die Kontroversen zu schüren scheinen? Wenn Sie sich dieser Faktoren bewusst sind, können Sie potenziellen Fallstricken ausweichen. Denken Sie immer erst nach, bevor Sie sprechen, insbesondere in Momenten großer Spannung oder Emotionen. Es mag zwar verlockend sein, sich an Klatsch und Tratsch zu beteiligen oder in einem Streit Partei zu ergreifen, aber das führt selten zu etwas Positivem. Konzentrieren Sie sich stattdessen auf das, was Sie kontrollieren können - Ihre Handlungen und Reaktionen.

Wenn Sie sich in einer Situation befinden, in der die Spannungen eskalieren, sollten Sie sich bemühen, der Friedensstifter zu sein, anstatt sich an dem Drama zu beteiligen. Die effektive Vermittlung von Konflikten ist eine Fähigkeit, die Sie nicht nur aus dem Konflikt heraushält, sondern Sie auch als faire und ausgewogene Führungspersönlichkeit etablieren kann. Das bedeutet nicht, dass Sie Ihre Rolle als Mediator formalisieren müssen, aber Sie können Techniken wie aktives Zuhören, Unparteilichkeit und das Vorschlagen von Kompromissen anwenden, um Situationen zu entschärfen. Denken Sie daran, dass das Ziel darin besteht, das Problem zu lösen, und nicht darin, einen Streit zu "gewinnen" oder sich bei den Vorgesetzten beliebt zu machen, indem Sie sich auf deren Seite stellen.

Es gibt zahlreiche Beispiele aus der Praxis, bei denen ein geschickter Umgang mit Konflikten im Büro zu positiven Ergebnissen geführt hat. In einem solchen Fall gelang es einem Teamleiter in einem Start-up-Unternehmen, einen schwelenden Konflikt zwischen zwei talentierten, aber verfeindeten Ingenieuren zu lösen. Der Teamleiter erkannte, wie sehr die Fehde die Moral und Produktivität des Teams belastete, und arrangierte eine Mediationssitzung, in der beide Personen ihren Unmut in einem strukturierten Umfeld äußern konnten. In einem geführten Gespräch wurde den beiden Ingenieuren klar, dass ihr Konflikt nicht auf Böswilligkeit, sondern auf Missverständnissen beruhte. Nach dieser Sitzung arbeiteten nicht nur die beiden effektiver zusammen, sondern auch das gesamte Team profitierte von der verbesserten Atmosphäre, was zu einem erfolgreichen Projektabschluss vor dem Zeitplan führte.

Eine Pflegedienstleiterin in einer stark frequentierten Krankenhausstation stellte fest, dass es in ihrem Team zunehmend zu Klatsch und Tratsch kam. Anstatt sich daran zu beteiligen oder das Problem zu ignorieren, führte sie regelmäßige Übungen zur Teambildung durch und besprach das Problem transparent in Teamsitzungen. Indem sie das Problem offen ansprach und ihrem Team die Mittel zur Verbesserung an die Hand gab, konnte sie ein harmonischeres Arbeitsumfeld schaffen, was wiederum zu besseren Ergebnissen bei der Patientenversorgung führte.
Einem Drama aus dem Weg zu gehen, erfordert einen bewussten und durchdachten Ansatz. Dazu gehört, dass man potenzielle Konfliktquellen erkennt und ihnen aus dem Weg geht, dass man vermittelt, wenn es nötig ist, und dass man sich immer auf die übergeordneten Unternehmensziele konzentriert. Dies ist eine Fähigkeit, von der Führungskräfte an vorderster Front erheblich profitieren können, da sie als Schutzschild gegen die Ablenkungen und den emotionalen Tribut dient, den Dramen am Arbeitsplatz fordern können.

Der Weg durch das Labyrinth der Büropolitik ist oft ein schmaler Grat zwischen ethischem und unethischem Verhalten. Politik am Arbeitsplatz ist zwar unvermeidlich, aber die Art und Weise, wie man sich engagiert, kann lang anhaltende Auswirkungen haben, sowohl auf die individuelle Karriere als auch auf das allgemeine Wohlergehen des Unternehmens. Es ist von entscheidender Bedeutung, zwischen ethischem politischem Verhalten, das den Aufbau von Allianzen und die Schlichtung von Konflikten zum Wohle der Allgemeinheit beinhaltet, und unethischem Verhalten zu unterscheiden, das Manipulation, Täuschung oder die Untergrabung von Kollegen zur Erreichung persönlicher Ziele beinhalten kann.

Unethisches politisches Verhalten gefährdet nicht nur Ihren Ruf, sondern kann auch schwerwiegende langfristige Folgen für Ihr Berufsleben haben. Die Beteiligung an unethischen Taktiken mag zwar kurzfristige Vorteile bringen, kann aber zu einem toxischen Arbeitsumfeld führen. Ein solches Umfeld kann die Gesamtproduktivität verringern, zu einer hohen Fluktuationsrate beitragen und das Unternehmen sogar rechtlichen Risiken aussetzen. Wenn Sie erst einmal als jemand gelten, der unethisches politisches Verhalten an den Tag legt, kann es zudem schwierig sein, das Vertrauen Ihrer Kollegen und Vorgesetzten wiederzugewinnen, und in einigen Fällen kann der Schaden irreparabel sein.

Ethisches Verhalten in der Büropolitik bedeutet nicht, dass Sie Ihre eigenen Ambitionen oder Ziele opfern müssen. Vielmehr bedeutet es, dass Sie Ihre Ziele mit Mitteln erreichen, die transparent, fair und respektvoll gegenüber anderen sind. Im Folgenden finden Sie einige Tipps, wie Sie auf dem ethischen Weg bleiben können:

1. Seien Sie transparent: Seien Sie sich über Ihre Absichten und Ziele stets im Klaren. Wenn Sie offen sagen, was Sie erreichen wollen, minimiert dies das Risiko von Missverständnissen und schafft Vertrauen.

2. Suchen Sie nach Win-Win-Lösungen: In der Büropolitik gibt es oft konkurrierende Interessen. Streben Sie nach Ergebnissen, die nicht nur Ihnen, sondern auch den anderen Beteiligten zugute kommen. Dies fördert ein Umfeld der Zusammenarbeit und nicht des Konflikts.

3. Vermeiden Sie Klatsch und Tratsch: Es ist zwar verlockend, Klatsch und Tratsch zu verbreiten, vor allem, wenn es Ihnen einen Vorteil zu verschaffen scheint, aber es ist fast immer ein kurzfristiger Vorteil, der langfristig schadet. Klatsch und Tratsch untergräbt das Vertrauen und kann furchtbar nach hinten losgehen.

4. Konsultieren Sie andere und beziehen Sie sie mit ein: Bevor Sie Entscheidungen treffen, die sich auf Ihr Team oder Ihre Kollegen auswirken, sollten Sie deren Meinung einholen. Dies verbessert nicht nur die Qualität Ihrer Entscheidungen, sondern gibt anderen auch das Gefühl, geschätzt und respektiert zu werden.

5. Mit gutem Beispiel vorangehen: Der beste Weg, eine ethische politische Kultur zu etablieren, ist, das Verhalten selbst vorzuleben. Wenn andere sehen, dass Sie sich in der Politik fair und respektvoll verhalten, werden sie eher das Gleiche tun.

Denken Sie daran, dass Ihr Verhalten den Ton angibt, was in Ihrem Arbeitsumfeld akzeptabel ist. Wenn Sie sich an ethische Grundsätze halten, schützen Sie nicht nur Ihren eigenen Ruf, sondern tragen auch zu einem positiveren und effektiveren Arbeitsplatz für alle bei. Politische Auseinandersetzungen im Büro werden immer ein Teil des Unternehmenslebens sein, aber sie können auf eine Weise geführt werden, die sowohl mit Ihren persönlichen als auch mit den Werten des Unternehmens übereinstimmt.

Emotionale Intelligenz ist ein unverzichtbarer Faktor, um sich in der komplexen Landschaft der Büropolitik zurechtzufinden. Diese Fähigkeit geht über die Selbstwahrnehmung und

Selbstregulierung hinaus und umfasst ein genaues Verständnis der emotionalen und motivationalen Landschaften, in denen sich andere Menschen bewegen. Diese Fähigkeit ist von unschätzbarem Wert, wenn Sie versuchen, den Raum zu lesen, da sie Sie mit den Erkenntnissen ausstattet, um zugrunde liegende Machtstrukturen und Allianzen sowie potenzielle Konfliktursachen zu erkennen.

Die Anpassung an das politische Klima in einem Unternehmen erfordert oft ein differenziertes Verständnis, das die emotionale Intelligenz bietet. Jeder Arbeitsplatz hat seine eigene Dynamik, und ein hohes Maß an emotionaler Intelligenz kann Ihnen helfen, diese Nuancen schnell und genau zu erfassen. Sie können dann Ihr Verhalten, Ihre Sprache und Ihre Allianzen entsprechend anpassen, wobei Sie darauf achten, dass Sie sich an den vorherrschenden Einstellungen und Machtstrukturen orientieren.

Wenn Sie wissen, was die Menschen in Ihrem Umfeld antreibt, können Sie sich in der Büropolitik einen entscheidenden Vorteil verschaffen. Wenn Sie genau wissen, was Ihre Kollegen oder Vorgesetzten motiviert - sei es Ehrgeiz, Stabilität oder Anerkennung - können Sie Ihre Interaktionen auf diese Faktoren abstimmen. Auf diese Weise ist es wahrscheinlicher, dass Ihre Initiativen Unterstützung finden und dass Ihre Allianzen stark und vorteilhaft sein werden.

Die praktischen Anwendungen der emotionalen Intelligenz in der Büropolitik sind weitreichend. Sie spielt eine Rolle bei der Konfliktlösung, indem sie die Fähigkeit vermittelt, effektiv zu vermitteln und dabei die Perspektiven aller Beteiligten zu berücksichtigen. Sie hilft bei der Bildung von Allianzen, indem sie Ihnen hilft, andere auf einer tieferen Ebene zu verstehen und sich mit ihnen zu verbinden. Was die Kommunikation betrifft, so sind emotional intelligente Menschen oft in der Lage, sich klar und überzeugend auszudrücken, was entscheidend ist, um Menschen für sich zu gewinnen. Außerdem sind emotional intelligente Führungskräfte besser in der Lage, ihre Teams zu inspirieren und zu motivieren, was in jedem politischen Umfeld ein wichtiges Instrument ist.

In dem oft stressigen Umfeld, das die Büropolitik schaffen kann, bietet emotionale Intelligenz auch Bewältigungsmechanismen, die eine bessere Entscheidungsfindung fördern. Die Fähigkeit, Stress zu bewältigen, komplexe soziale Dynamiken zu verstehen und starke Allianzen aufzubauen, wird durch eine gut entwickelte emotionale Intelligenz unterstützt.

Emotionale Intelligenz ist ein wichtiges Instrumentarium für jeden, der sich in der komplizierten Welt der Büropolitik zurechtfinden will. Indem Sie diese Fähigkeiten verbessern, bereiten Sie sich nicht nur darauf vor, sich an verschiedene politische Klimata anzupassen, sondern positionieren sich auch für den Erfolg in der Organisationshierarchie.

Die Fähigkeit, sich in den trüben Gewässern der Büropolitik zurechtzufinden, kann Ihren beruflichen Werdegang entscheidend beeinflussen, insbesondere als Führungskraft an vorderster Front. Die Fähigkeit, starke, vorteilhafte Allianzen aufzubauen, kann den beruflichen Aufstieg und die Zufriedenheit am Arbeitsplatz erheblich fördern. Gepaart mit einem klugen Bewusstsein, das Ihnen hilft, sich aus unnötigen Dramen herauszuhalten, können diese Allianzen als schützendes und fortschrittliches Netzwerk dienen. Das Verständnis der Ethik der Büropolitik stellt sicher, dass Ihr Aufstieg sowohl respektiert als auch geachtet wird, während die Beherrschung der emotionalen Intelligenz ein umfassendes Instrumentarium zum Lesen und Anpassen an die verschiedenen Dynamiken am Arbeitsplatz bietet.

Die langfristigen Vorteile eines erfolgreichen Umgangs mit der Büropolitik sind vielfältig. Abgesehen von den unmittelbaren Vorteilen wie einem stärkeren Netzwerk und höherer Arbeitszufriedenheit gibt es dauerhafte Auswirkungen auf Ihre berufliche Entwicklung und Ihre Führungsqualitäten. Der Aufbau von Allianzen und die Beibehaltung einer ethischen Haltung legen den Grundstein für eine seriöse Karriere und machen Sie zu einer vertrauenswürdigen Führungspersönlichkeit, der andere folgen wollen. Ihre Fähigkeiten im Bereich der emotionalen Intelligenz werden Ihnen nicht nur dabei helfen, die politischen Gegebenheiten an Ihrem derzeitigen Arbeitsplatz zu verstehen, sondern Sie auch in die Lage versetzen, sich schnell an künftige Umgebungen anzupassen - eine Fähigkeit, die in der sich ständig verändernden Arbeitswelt von heute unerlässlich ist.

Die Politik im Büro ist nicht statisch; sie entwickelt sich weiter, wenn Menschen kommen und gehen, wenn sich die Unternehmensziele ändern und wenn Sie sich innerhalb der Organisation bewegen. Dieser ständige Wandel bedeutet, dass die Kunst des politischen Navigierens keine Fähigkeit ist, die man mal eben einstellt und dann wieder vergisst, sondern vielmehr eine, die ständige Aufmerksamkeit und Anpassung erfordert. Es ist von entscheidender Bedeutung, dass Sie Ihre politische Landschaft und Ihren Platz darin immer wieder neu bewerten und überlegen, wie Sie beides verbessern können. Vor allem Führungskräfte an vorderster Front sollten diese Gelegenheit zum Wachstum nutzen, da sie an der Basis stehen und oft die komplizierten Dynamiken sehen, die den höheren Ebenen entgehen können.

Abschließend lässt sich sagen, dass die Beherrschung der Feinheiten der Büropolitik eine unschätzbare Fähigkeit ist, die Ihr Berufsleben dramatisch beeinflussen kann, insbesondere in Führungspositionen an vorderster Front. Indem Sie sich zu einer kontinuierlichen Selbsteinschätzung und Anpassung verpflichten, können Sie den ständig wechselnden politischen Gezeiten an Ihrem Arbeitsplatz immer einen Schritt voraus sein und so Ihre Position als einflussreiche, angesehene Führungskraft festigen.

Nachdem wir das komplexe Terrain der Führungsstile, der Teamkultur und der Büropolitik durchquert haben, fragen Sie sich vielleicht, wie es auf dieser Reise weitergeht. Das kommende Kapitel 10 wird Ihnen das letzte, jedoch fortlaufende Teil des Puzzles liefern - Ihre kontinuierliche berufliche Entwicklung und lebenslanges Lernen. Dies sind nicht nur Schlagworte, sondern der Schlüssel zu dauerhaftem Erfolg in der Führung an vorderster Front. Machen Sie sich bereit zu entdecken, wie Sie sich kontinuierlich weiterentwickeln, anpassen und in Ihrer Rolle glänzen können, um sicherzustellen, dass Ihr Einfluss als Führungskraft weit über das Hier und Jetzt hinausreicht.

Kapitel 10: Der Weg in die Zukunft

Während wir das letzte Kapitel dieser Führungsreise in Angriff nehmen, verlagert sich der Schwerpunkt auf einen Aspekt, der oft nicht die Aufmerksamkeit erhält, die er verdient: den weiteren Weg. Es wurde zwar schon viel über den Erwerb von Fähigkeiten und Stilen für eine effektive Führung an vorderster Front gesagt und getan, aber jetzt geht es darum, wie man diese Effektivität langfristig erhalten kann. Führung ist keine statische Errungenschaft, sondern eine dynamische Fähigkeit, die sich nicht nur als Reaktion auf sich verändernde äußere Bedingungen, sondern auch durch inneres Wachstum weiterentwickelt. Dieses Kapitel befasst sich mit der Bedeutung einer kontinuierlichen beruflichen Entwicklung und des ständigen Lernens als Grundlage für einen dauerhaften Erfolg in der Führung an vorderster Front.

Es ist zwar wichtig, verschiedene Führungsstile zu beherrschen, zu wissen, wie man eine Teamkultur aufbaut, und sich in den schwierigen Gewässern der Büropolitik zurechtzufinden, aber diese Kompetenzen können veralten, wenn sie nicht regelmäßig aktualisiert und verfeinert werden. Außerdem werden sich im Laufe Ihrer beruflichen Entwicklung neue Herausforderungen ergeben. Vielleicht haben Sie die Möglichkeit, in traditionelle Führungspositionen zu wechseln, die nicht mehr an vorderster Front angesiedelt sind. Um für solche vertikalen Veränderungen gerüstet zu sein, müssen Sie sich verpflichten, Ihre Fähigkeiten zu erweitern und mehr Verantwortung zu übernehmen, auch wenn Sie in Ihrer derzeitigen Rolle hervorragende Leistungen erbringen.

Dieses Kapitel zielt darauf ab, Ihnen das Verständnis und die Werkzeuge zu vermitteln, die Sie für diese fortlaufende Reise benötigen. Von Techniken, um sich über Führungstheorien auf dem Laufenden zu halten, über die Vorbereitung auf Karriereübergänge bis hin zur Entwicklung eines persönlichen

Führungsplans werden wir die ganze Bandbreite von Strategien abdecken, die sicherstellen, dass Sie nicht nur eine Führungskraft von heute, sondern auch eine Führungskraft von morgen sind. Lassen Sie uns also dieses wichtige Gespräch über Ihre Zukunft beginnen und betonen, dass Ihre Reise als Führungskraft hier nicht endet - sie entwickelt sich lediglich weiter.

Kontinuierliches Lernen ist mehr als nur ein Schlagwort; es ist ein Muss in der sich ständig verändernden Landschaft der Führung. Die Dynamik der heutigen Arbeitswelt, die durch technologischen Fortschritt, Globalisierung und Veränderungen in den Organisationsstrukturen und den Erwartungen der Arbeitnehmer gekennzeichnet ist, erfordert eine Führungskraft, die nicht nur qualifiziert, sondern auch anpassungsfähig ist und sich ständig weiterentwickelt. Es ist keine Option, sondern eine Notwendigkeit, mit den neuen Theorien, Instrumenten und Strategien im Bereich der Führung Schritt zu halten. Ihre Fähigkeit, langfristig effektiv zu führen, steht in direktem Verhältnis zu Ihrem Engagement für kontinuierliche Weiterbildung und Kompetenzentwicklung.

Wie kann man also in einem so schnelllebigen Umfeld auf dem Laufenden bleiben? Ein vielseitiger Ansatz ist in der Regel der beste. Die Lektüre von Fachliteratur - Bücher, akademische Abhandlungen, Artikel - bietet eine solide theoretische Grundlage und eröffnet oft neue Perspektiven, die Sie vielleicht nicht in Betracht gezogen haben. Aber Lernen sollte nicht beim Lesen aufhören. Die Teilnahme an Workshops, Webinaren und Konferenzen ermöglicht eine interaktivere und praktischere Erfahrung und bietet die Möglichkeit, sich mit Experten und Gleichgesinnten auszutauschen. Auch der Aufbau von Netzwerken spielt eine wichtige Rolle. Gespräche mit anderen Führungskräften können Einblicke in die praktische Anwendung von Führungstheorien und -strategien geben und so Ihr eigenes Verständnis und Ihren Ansatz bereichern.

Die Vorteile des kontinuierlichen Lernens gehen über die bloße Anhäufung von Wissen hinaus. Wenn Sie sich an neue Methoden und Ansätze anpassen, sind Sie besser gerüstet, um die verschiedenen Herausforderungen zu bewältigen, die auf Sie zukommen, und steigern so Ihre allgemeine Effektivität als Führungskraft. Es geht darum, sich ein Instrumentarium zuzulegen, das so dynamisch ist wie die Situationen, in denen Sie sich befinden, und das kann Ihr größtes Kapital sein, um langfristig erfolgreich zu bleiben.

Um diesen Punkt zu verdeutlichen, sollten Sie sich die Geschichten von Führungskräften ansehen, die durch ihr Engagement für kontinuierliches Lernen bemerkenswerte Leistungen vollbracht haben. Führungskräfte wie Sheryl Sandberg von Facebook oder Satya Nadella von Microsoft haben ihre Positionen nicht durch Stillstand erreicht. Sie sind bekannt für ihre unstillbare Neugier und ihr ständiges Streben nach Lernen, nicht nur in Bezug auf technologische Innovationen, sondern auch in Bezug darauf, wie sie Menschen führen. Sandberg zum Beispiel spricht oft über ihre Mentoren und die Bücher, die sie gelesen hat und die ihre Führungsphilosophie geprägt haben. Auch Nadella führt seine Effektivität auf einen Ansatz zurück, bei dem er nicht alles weiß, sondern alles lernt, und betont die Bedeutung einer Wachstumsmentalität.

Zusammenfassend lässt sich sagen, dass es beim kontinuierlichen Lernen nicht nur darum geht, relevant zu bleiben, sondern auch um das Streben nach Spitzenleistungen und Anpassungsfähigkeit in einer Welt, die auf niemanden wartet. Das Engagement für diese Reise der kontinuierlichen Verbesserung ist es, was große Führungskräfte von nur guten unterscheidet.

Die Vorbereitung auf einen vertikalen Wechsel innerhalb eines Unternehmens ist ein anderes Spiel als eine hervorragende Leistung in der aktuellen Position, insbesondere wenn es um den Wechsel von einer Führungsposition an der vordersten Front in eine traditionellere Management- oder Führungsposition geht. Ein solcher Wechsel ist mehr als nur eine Änderung des Titels; es handelt sich um eine grundlegende Veränderung der Verantwortlichkeiten, der Anforderungen an die Fähigkeiten und der Erwartungen des Unternehmens. Während die Führung an vorderster Front oft eine direkte Interaktion mit den Mitarbeitern und eine starke Konzentration auf spezifische betriebliche Aufgaben beinhaltet, erfordern traditionelle Führungspositionen eine breitere Sichtweise. Die Fähigkeit, eine Strategie zu entwickeln, mehrere Teams zu leiten und mit anderen Interessengruppen des Unternehmens zu interagieren, ist entscheidend.

Der erste Schritt bei der Vorbereitung auf diesen Übergang besteht darin, die zusätzlichen Fähigkeiten und Kompetenzen zu ermitteln, die Sie benötigen werden. Die spezifischen Anforderungen hängen zwar vom jeweiligen Unternehmen und der angestrebten Rolle ab, aber zu den allgemeinen Kompetenzen gehören strategisches Denken, finanzieller Scharfsinn und erweiterte Fähigkeiten im Bereich der Mitarbeiterführung, wie z. B. Talententwicklung und Konfliktlösung auf Organisationsebene. Warten Sie nicht einfach auf Gelegenheiten, diese Fähigkeiten zu erlernen, sondern suchen Sie aktiv nach ihnen. Melden Sie sich freiwillig für funktionsübergreifende Projekte, bieten Sie an, an Strategiediskussionen teilzunehmen, oder gehen Sie sogar zurück in die Schule, um Kurse zu belegen, die Ihre Lücken schließen.

Ein Wort der Warnung: Die Übernahme zusätzlicher Verantwortung kann zu Burnout führen, wenn sie nicht sorgfältig gehandhabt wird. Der Schlüssel liegt darin, Ehrgeiz und Wohlbefinden in Einklang zu bringen. Wirksame Strategien, um mehr Aufgaben zu übernehmen, ohne sich überfordert zu fühlen, sind beispielsweise Zeitmanagementtechniken wie die Eisenhower-Box oder die Pomodoro-Technik oder Delegationsstrategien, die es Ihnen ermöglichen, sich auf die wichtigsten Aktivitäten zu konzentrieren, während Sie Ihr Team mit den operativen Aufgaben betrauen.

Ein erfolgreicher Übergang in eine höhere Position beinhaltet oft mehr als nur den Erwerb von Fähigkeiten; es geht auch darum, seine Bereitschaft für neue Herausforderungen zu zeigen. Nehmen Sie das Beispiel von Mary Barra, die ihre Karriere als Studentin bei General Motors begann und sich bis zum CEO des Unternehmens hocharbeitete. Auf ihrem Weg ging es nicht nur darum, sich neue Fähigkeiten anzuzeigen, sondern auch darum, ihre Fähigkeit zur Führung auf jeder neuen Ebene unter Beweis zu stellen. Sie übernahm immer komplexere Aufgaben und meisterte sowohl Erfolge als auch Misserfolge mit einer lernenden Einstellung. Auch Sundar Pichais Weg von der Leitung eines einzigen Projekts bei Google - der Google Toolbar - zum CEO von Alphabet erforderte nicht nur technischen Scharfsinn, sondern auch die nachgewiesene Fähigkeit, komplexe Managementaufgaben zu bewältigen und große Teams zu führen.

Zusammenfassend lässt sich sagen, dass die Vorbereitung auf eine vertikale Entwicklung ein strategisches Unterfangen ist, das Voraussicht, Planung und ein Engagement für kontinuierliches Wachstum erfordert. Es geht darum, sich neue Fähigkeiten anzuzeigen und gleichzeitig die vorhandenen zu verfeinern, nach Möglichkeiten zu suchen und gleichzeitig sein Arbeitspensum zu bewältigen, und vor allem zu beweisen, dass man die Vision und die Belastbarkeit hat, um auf höheren Ebenen zu führen. Der Fahrplan ist für jeden anders, aber die Grundprinzipien bleiben dieselben: proaktiv sein, vorbereitet sein und anpassungsfähig sein.

Die Erstellung eines persönlichen Entwicklungsplans für Führungskräfte ist wie ein GPS für Ihre Karriere. Er hilft Ihnen, Ihr Ziel festzulegen und die effektivste Route dorthin zu finden. Ein gut durchdachter Plan ist entscheidend für jeden, der die Karriereleiter erklimmen möchte, insbesondere wenn er von der ersten Reihe in eine höhere Führungsposition aufsteigt.

Der erste Schritt bei der Entwicklung Ihres Plans ist eine umfassende Selbstbewertung. Sie müssen Ihre derzeitigen Fähigkeiten, Ihre Stärken und die Bereiche, die verbessert werden müssen, ermitteln. Dies ist keine einmalige Aufgabe, sondern sollte in regelmäßigen Abständen wieder aufgegriffen werden. Um ein umfassenderes Bild zu erhalten, sollten Sie das Feedback von Kollegen, Mentoren und Vorgesetzten einholen. Instrumente wie die SWOT-Analyse können dabei sehr hilfreich sein.

Sobald Sie sich darüber im Klaren sind, wo Sie stehen, besteht der nächste Schritt darin, Ihre Führungsziele festzulegen. Diese Ziele sollten SMART sein: Spezifisch, messbar, erreichbar, relevant und zeitgebunden. Anstelle des vagen Ziels "Verbesserung der Kommunikationsfähigkeiten" würde ein SMART-Ziel beispielsweise lauten: "Durchführung von Teamsitzungen mit klaren Tagesordnungen und Aktionspunkten jede Woche in den nächsten drei Monaten". Anspruchsvolle, aber erreichbare Ziele sorgen dafür, dass Sie motiviert und konzentriert bleiben.

Nach der Festlegung von Zielen besteht der dritte Schritt darin, die zur Erreichung dieser Ziele erforderlichen Maßnahmen zu skizzieren. Diese können von der Lektüre von Büchern über effektive Führung bis hin zur Teilnahme an Fachkursen, der Begleitung eines Mentors oder der Erlangung von Zertifizierungen reichen, die für Ihre angestrebte Rolle relevant sind. Legen Sie für jede Maßnahme Fristen fest und ordnen Sie sie nach Ihren Zielen und dem Zeitplan für die Erreichung dieser Ziele nach Prioritäten. Die Überwachung Ihrer Fortschritte ist ebenso wichtig wie die Festlegung von Zielen. Überprüfen Sie regelmäßig Ihren Plan, um zu sehen, ob Sie auf dem richtigen Weg sind. Halten Sie Ihre Fristen ein? Haben Sie erreicht, was Sie sich vorgenommen haben? Auf welche Herausforderungen sind Sie gestoßen, und wie haben Sie sie gemeistert? Es geht nicht nur darum, Dinge von einer Liste abzuhaken, sondern auch darum, über die Reise zu reflektieren.

Manchmal laufen die Dinge trotz der besten Pläne nicht so, wie man sie sich vorgestellt hat. Das ist in Ordnung. Der Zweck eines persönlichen Entwicklungsplans für Führungskräfte besteht nicht darin, einen starren Rahmen zu setzen, sondern eine Richtung vorzugeben. Er sollte flexibel genug sein, um Anpassungen zu ermöglichen, die auf Ihren Fortschritten, Veränderungen in Ihrem Arbeitsumfeld oder sogar Verschiebungen in Ihren eigenen Karrierezielen beruhen.

Die Erstellung und Pflege eines persönlichen Entwicklungsplans für Führungskräfte ist nicht nur eine Übung, sondern eine Verpflichtung zu Ihrer beruflichen Weiterentwicklung.

Betrachten Sie ihn als ein lebendiges Dokument, das sich mit Ihnen weiterentwickelt. Wenn Sie sich die Zeit nehmen, Ihren Plan zu entwickeln, umzusetzen und anzupassen, schaffen Sie die Voraussetzungen für eine erfolgreiche Führungslaufbahn, die auf Ihre individuellen Bedürfnisse und Bestrebungen zugeschnitten ist.

Arbeit, Leben und berufliche Entwicklung unter einen Hut zu bringen, gleicht dem Jonglieren mit drei Bällen in der Luft. Wenn Sie sich zu sehr auf einen konzentrieren, können die anderen zu kurz kommen, was zu Burnout, Familienstreitigkeiten oder Stagnation in Ihrer Karriere führen kann. Daher ist es für den langfristigen Erfolg und das Wohlbefinden entscheidend, ein gesundes Gleichgewicht zwischen Beruf und Privatleben zu finden und sich gleichzeitig beruflich weiterzuentwickeln.

Die Bedeutung eines ausgewogenen Lebens kann gar nicht hoch genug eingeschätzt werden. Wenn Sie sich auf Kosten Ihres Privatlebens zu sehr der Arbeit oder der persönlichen Entwicklung widmen, kann dies zu erhöhtem Stress, geringerer Produktivität und angespannten Beziehungen führen. Dies sind nicht nur Schlagworte, sondern reale Ergebnisse, die sich spürbar auf Ihre Lebensqualität auswirken können. Ein vielseitiger Mensch ist in allen Lebensbereichen besser, auch in seiner beruflichen Laufbahn.

Zeitmanagement ist eine Fähigkeit, die hier ins Spiel kommt. Wenn Sie Ihren Tag effektiv organisieren, können Sie sich Zeit für Arbeit, Entspannung und berufliche Entwicklung nehmen. Es geht nicht darum, mehr in Ihren ohnehin schon vollen Terminkalender zu stopfen, sondern ihn zu optimieren. Techniken wie die Pomodoro-Technik, bei der kurze konzentrierte Arbeitsphasen von kurzen Pausen gefolgt werden, können die Produktivität steigern und es leichter machen, Zeit für die persönliche Entwicklung zu finden. Wenn Sie sich bestimmte Zeiträume für das Lernen und die Entwicklung nehmen, bedeutet das jedoch nicht, dass Sie andere Bereiche vernachlässigen. Im Gegenteil, Sie sollten versuchen, kontinuierliches Lernen in Ihren Tagesablauf zu integrieren. Das kann so einfach sein wie das

Anhören branchenbezogener Podcasts während des Pendelns, das Lesen von Artikeln in den Pausen oder anregende Diskussionen mit Familie und Freunden, die Sie zu kritischem Denken und zur Erweiterung Ihrer Wissensbasis anregen.

Eine weitere Strategie besteht darin, Ihre beruflichen Entwicklungsziele mit Ihren persönlichen Interessen in Einklang zu bringen, wann immer dies möglich ist. Wenn Sie sich z. B. für Technologie interessieren, ist es keine lästige Pflicht, sich über neue Software zu informieren, die Ihre Arbeitseffizienz verbessern kann. Ebenso kann es erfüllend sein, die Zeit mit der Familie mit Aktivitäten zu verbinden, die ebenfalls zu Ihrer Entwicklung beitragen. Der Besuch eines Workshops oder Seminars mit einem Familienmitglied, das sich für dasselbe Gebiet interessiert, verbessert nicht nur Ihre Fähigkeiten, sondern stärkt auch die familiären Bindungen.

Insgesamt liegt der Schlüssel zum Gleichgewicht zwischen Arbeit, Leben und Entwicklung darin, klare Grenzen zu setzen, diszipliniert mit der Zeit umzugehen und flexibel genug zu sein, um das Lernen in das tägliche Leben zu integrieren. Es geht darum, jeden Tag bewusste Entscheidungen zu treffen, die sowohl mit Ihren persönlichen als auch mit Ihren beruflichen Zielen übereinstimmen. Auf diese Weise schaffen Sie sich die Voraussetzungen für ein lohnendes, ausgewogenes Leben, das Ihnen kontinuierliches Wachstum und Entwicklung ermöglicht.

Der Weg zu einer Führungsposition, vor allem an vorderster Front, ist kein Sprint, sondern ein Marathon. Er erfordert nicht nur anfänglichen Enthusiasmus, sondern auch ein anhaltendes Engagement für Wachstum und Anpassung. Wie wir in diesem Kapitel erläutert haben, ist die ständige berufliche Weiterentwicklung der Eckpfeiler einer effektiven Führung an vorderster Front. Ob Sie sich über neue Führungstheorien auf dem Laufenden halten oder sich auf vertikale Veränderungen innerhalb Ihrer Organisation vorbereiten - Ihr Engagement für kontinuierliches Lernen hat einen erheblichen Einfluss auf Ihren Erfolg und Ihre Effektivität als Führungskraft.

Eine der wichtigsten Erkenntnisse ist, dass die verschiedenen Aspekte der beruflichen Entwicklung miteinander verknüpft sind. Kontinuierliches Lernen dient als Sprungbrett für eine vertikale Karriere, indem es Sie mit dem Wissen und den Fähigkeiten ausstattet, die für traditionellere Führungsaufgaben erforderlich sind. Gleichzeitig ermöglicht Ihnen die Beherrschung der Kunst der Work-Life-Balance, sich beruflich weiterzuentwickeln, ohne Ihr persönliches Wohlbefinden zu beeinträchtigen. Die Synergie dieser Elemente schafft einen positiven Kreislauf, bei dem die Verbesserung in einem Bereich das Wachstum in den anderen Bereichen fördert.

Die Führungslandschaft ist in ständigem Wandel begriffen und wird von technologischen Fortschritten, Veränderungen in den Organisationsstrukturen und der sich entwickelnden sozialen Dynamik beeinflusst. Wer sich in diesem Umfeld erfolgreich bewegen will, darf sich nicht auf seinen Lorbeeren ausruhen. Dies gilt insbesondere für Führungskräfte an der vordersten Front, die nicht nur für ihre Teams verantwortlich sind, sondern auch als Bindeglied zwischen dem Management und den Mitarbeitern an der Basis fungieren. Ihre Fähigkeit, sich an neue Herausforderungen anzupassen, Veränderungen umzusetzen und Ihr Team zu inspirieren, hängt weitgehend von Ihrem Engagement für die berufliche Weiterentwicklung ab.

Wenn Sie dieses Kapitel abschließen und über Ihren eigenen Weg nachdenken, denken Sie daran, dass Führung ein lebenslanges Streben ist. Ob Sie nun ein erfahrener Veteran oder ein Neuling in einer Führungsposition sind, es wird immer neue Herausforderungen geben, die Sie bewältigen, neue Fähigkeiten erlernen und neue Horizonte erkunden müssen. Der Schlüssel zu Langlebigkeit und Erfolg in einer Führungsposition liegt in Ihrer Bereitschaft, sich ständig weiterzuentwickeln und sich an ein sich ständig veränderndes Umfeld anzupassen.

Abschließend lässt sich sagen, dass Führung, insbesondere an der Front, ein komplexes, lohnendes Unterfangen ist, das mehr als nur technische Fähigkeiten oder ein Händchen für die Führung von Menschen erfordert. Es erfordert einen ganzheitlichen Ansatz, der kontinuierliches Lernen, Karrierewünsche und persönliches

Wohlbefinden in Einklang bringt. Möge Ihr Engagement für dieses komplizierte Gleichgewicht der Kompass sein, der Sie durch die lohnende und herausfordernde Landschaft der Führungsarbeit an vorderster Front führt.

Schlussfolgerung: Die sich ständig weiterentwickelnde Reise

Führung wird oft fälschlicherweise als eine feste Fähigkeit oder eine statische Rolle angesehen, als ein Kästchen, das man abhaken kann, sobald man eine bestimmte Position erreicht oder eine bestimmte Menge an Erfahrung gesammelt hat. Echte Führung ist jedoch alles andere als statisch; sie ist ein sich entwickelnder, dynamischer Prozess, der Sie dazu herausfordert, zu wachsen, sich anzupassen und Ihren Ansatz immer wieder neu zu bewerten. Die Realität sieht so aus, dass Führung kein Ziel, sondern eine Reise ist - ein vielseitiges, sich ständig veränderndes Unterfangen, das Sie während Ihres gesamten Berufslebens in Angriff nehmen.

Der kontinuierliche Charakter von Führung ist noch ausgeprägter in Positionen an vorderster Front, wo schnelle Entscheidungsfindung, Anpassungsfähigkeit und sofortige Problemlösung zu den täglichen Anforderungen gehören. Hier ist Führung nicht etwas, das man "abschließt", sondern eher eine Praxis, die man jeden Moment ausübt. Ob Sie nun ein Team leiten, unter Druck schwierige Entscheidungen treffen oder Projekte zum Erfolg führen, Sie sind ständig dabei, eine bessere Führungskraft zu werden.

Als Führungskraft müssen Sie sich ständig weiterbilden. Das bedeutet, sich über Branchentrends auf dem Laufenden zu halten, neue Kommunikationsmittel zu erlernen oder zu verstehen, wie sich Veränderungen in der Gesellschaft auf die Dynamik Ihres Teams auswirken könnten. Selbst wenn Sie glauben, dass Sie alles wissen, gibt es immer noch mehr zu lernen. Es geht nicht nur darum, mit dem zu führen, was Sie jetzt wissen, sondern auch darum, sich für das zu rüsten, was als nächstes kommt.

Es ist von entscheidender Bedeutung, die Führung mit der Einstellung des Lernenden anzugehen. Dazu gehört, dass man offen für Feedback ist, bereit ist, Fehler zu machen, und sich auf das Unbekannte einlässt. Mit einer solchen Denkweise wird Scheitern nicht als Rückschlag, sondern als Lernmöglichkeit gesehen, als Sprungbrett zu größerer Beherrschung und Verständnis. Mit jeder Herausforderung, der man sich stellt, erwirbt man neue Fähigkeiten und Einsichten und ist so besser auf zukünftige Herausforderungen vorbereitet. Die Denkweise des Lernenden ist es, die den Weg der Führung in eine bereichernde Erfahrung und nicht in eine entmutigende Aufgabe verwandelt.

Zum kontinuierlichen Führungsprozess gehört auch, dass Sie Ihre Methoden, Ihre Ethik und Ihre Ziele immer wieder überprüfen und neu bewerten. In dem Maße, in dem Sie sich weiterentwickeln, wird sich auch Ihr Führungsansatz weiterentwickeln, was ein gewisses Maß an Selbstreflexion erfordert. Wenn Sie sich die Zeit nehmen, auf Ihre Handlungen, Entscheidungen und deren Ergebnisse zurückzublicken, können Sie daraus wertvolle Lehren ziehen, die Ihnen helfen, Ihre Strategien anzupassen und sich auf künftige Unternehmungen vorzubereiten.

In diesem Buch haben wir eine breite Palette von Konzepten, Werkzeugen und Strategien untersucht, die Sie für eine effektive Führung an vorderster Front rüsten sollen. Von den verschiedenen Führungsstilen wie Servant Leadership, Adaptive Leadership, Transformational Leadership und Democratic Leadership sind wir tief in ihre einzigartigen Eigenschaften, Stärken und idealen Anwendungskontexte eingetaucht. Jeder dieser Stile bietet ein eigenes Instrumentarium für die Motivation, Leitung und Unterstützung von Teams. Es geht nicht darum, einen Stil dem anderen vorzuziehen, sondern darum, zu verstehen, wann und wie jeder einzelne Stil eingesetzt werden sollte, um maximale Wirkung zu erzielen.

Auch der Teambildung wurde große Aufmerksamkeit gewidmet, da wir erkannt haben, dass starke Teams das Rückgrat jeder erfolgreichen Organisation sind. Wir haben uns mit der Bedeutung der Schaffung eines psychologisch sicheren Umfelds befasst, in dem die Teammitglieder ihre Ideen frei äußern können, ohne Angst haben zu müssen, ausgelacht zu werden. Psychologische Sicherheit legt den Grundstein für eine produktive, kooperative Teamdynamik. Ebenso wichtig ist eine integrative Teamkultur, die Vielfalt und Gleichberechtigung schätzt und das Zugehörigkeitsgefühl aller Teammitglieder fördert, was, wie wir festgestellt haben, häufig zu innovativen Lösungen und höherer Arbeitszufriedenheit führt.

Im Bereich der beruflichen Entwicklung hat sich das Konzept des kontinuierlichen Lernens als Eckpfeiler für langfristigen Erfolg herausgestellt. Ob es nun darum geht, sich über die neuesten Entwicklungen in der Branche auf dem Laufenden zu halten oder sich neue Fähigkeiten anzueignen - der Akt des Lernens ist fortlaufend und von zentraler Bedeutung für die Führung. Die Vorbereitung auf vertikale Karriereschritte und die Erstellung eines persönlichen Entwicklungsplans für Führungskräfte standen ebenfalls im Mittelpunkt und betonten die Notwendigkeit einer proaktiven Karriereplanung.

Motivation und Belohnungssysteme wurden als Schlüsselelemente für die Aufrechterhaltung eines hohen Niveaus an Teamleistung und Zufriedenheit diskutiert. Die Anerkennung sowohl intrinsischer als auch extrinsischer Motivatoren ermöglicht die Gestaltung effektiverer und individuellerer Belohnungssysteme. In Verbindung mit einer starken Kommunikation und Transparenzprotokollen tragen diese Strategien zu einer widerstandsfähigen, engagierten Belegschaft bei.

Wir navigierten auch durch die komplexen Gewässer der Büropolitik und erörterten ethische Überlegungen und die Rolle der emotionalen Intelligenz beim Lesen und Anpassen an die politische Landschaft. Der Aufbau von Allianzen und das Vermeiden von Dramen wurden als entscheidende Fähigkeiten hervorgehoben, die über Ihren Einfluss am Arbeitsplatz entscheiden können.

Schließlich betonten wir den lebenslangen Charakter der Führungsreise. Die Entwicklung von Führungskräften hat keinen festen Endpunkt, sondern ist ein fortlaufender Prozess, der kontinuierliche Selbsteinschätzung, Lernen und Anpassung erfordert. Ihr Wachstum als Führungskraft ist mit Ihrer persönlichen Entwicklung und Ihrer Work-Life-Balance verknüpft. Die Umsetzung der in diesem Buch behandelten Strategien und Philosophien in Ihren eigenen Führungsstil, insbesondere in einer Position an vorderster Front, erfordert mehr als nur das Verständnis der Konzepte; es geht darum, proaktive Schritte zu unternehmen, um sie im Kontext Ihres Teams und Ihrer Organisation anzuwenden. Hier finden Sie einige praktische Hinweise, wie Sie dabei vorgehen können.

Lassen Sie uns zunächst auf die Führungsstile eingehen. Ob dienende, adaptive, transformationale oder demokratische Führung, Sie müssen sich nicht auf einen beschränken. Diese Stile schließen sich nicht gegenseitig aus; vielmehr können sie kombiniert werden, um einen dynamischeren und situationsgerechteren Führungsansatz zu schaffen. So können Sie z. B. die adaptive Führung einsetzen, um eine Krise schnell zu bewältigen, und dann zur dienenden Führung übergehen, um sicherzustellen, dass die Bedürfnisse des Teams in der Folgezeit erfüllt werden. Ihre Rolle an der vordersten Front gibt Ihnen einen einzigartigen Blickwinkel, um herauszufinden, welcher Stil für die aktuelle Situation des Teams am besten geeignet ist.

Die Teambildung ist ein weiterer Bereich, in dem Sie sofort mit der Anwendung der Strategien beginnen können. Beginnen Sie mit der Schaffung eines psychologisch sicheren Umfelds, da dies den Ton für alles andere angibt. Ermutigen Sie zu einem offenen Dialog, begrüßen Sie unterschiedliche Sichtweisen und vermeiden Sie es, Fehler unnötig zu bestrafen. Sorgen Sie in Teamsitzungen dafür, dass jeder zu Wort kommt, damit sich die Teammitglieder nicht nur wertgeschätzt fühlen, sondern auch eine integrative Kultur gefördert wird.

Motivation und Belohnungssysteme erfordern einige Hausaufgaben. Nehmen Sie sich Zeit, um zu verstehen, was die einzelnen Mitglieder Ihres Teams antreibt. Sind es finanzielle Anreize, öffentliche Anerkennung oder Wachstumschancen? Sobald Sie wissen, was Ihr Team motiviert, können Sie Ihre Belohnungssysteme auf diese Faktoren abstimmen. Führen Sie regelmäßige Anerkennungsrituale ein, damit das Team auch bei kleinen Erfolgen motiviert bleibt.

Schaffen Sie in Ihrem Team eine Kultur des Lernens, um sich beruflich weiterzuentwickeln. Teilen Sie nützliche Artikel, empfehlen Sie Bücher oder organisieren Sie sogar interne Schulungen. Zeigen Sie Ihrem Team, dass Sie Wert darauf legen, dass es sich weiterentwickelt, sowohl für sich selbst als auch für das Team. Wenn möglich, stellen Sie während der Arbeitszeit Zeit für das Selbststudium oder den Erwerb von Fähigkeiten zur Verfügung.

Bleiben Sie im Bereich der Büropolitik wachsam, aber nicht paranoid. Bauen Sie Allianzen auf, indem Sie Ihre Hilfe anbieten, wenn dies möglich ist, und indem Sie die Beiträge anderer anerkennen. Dieser gute Wille zahlt sich oft aus, wenn Sie Unterstützung oder den Vorteil des Zweifels benötigen. Versuchen Sie gleichzeitig, Dramen am Arbeitsplatz zu vermeiden. Wenn es doch zu Konflikten kommt, seien Sie der Vermittler, nicht der Beteiligte an dem Drama.

Arbeit, Leben und Entwicklung unter einen Hut zu bringen, ist vielleicht die größte Herausforderung, vor allem für Führungskräfte an vorderster Front, die oft eine praktische Rolle im Tagesgeschäft haben. Setzen Sie Prioritäten bei den Aufgaben, lernen Sie, bei Bedarf Nein zu sagen, und denken Sie daran, sich Zeit für sich selbst und Ihre persönliche Entwicklung zu nehmen. Ein gesundes Zeitmanagement kann ansteckend sein. Wenn Ihre Teammitglieder sehen, dass Sie die Dinge effektiv unter einen Hut bringen, fühlen sie sich wahrscheinlich eher dazu ermutigt, das Gleiche zu tun. Die Effektivität einer Führungskraft beruht nicht auf der Beherrschung eines einzigen Stils, einer einzigen Fähigkeit oder Strategie, sondern vielmehr auf dem Verständnis dafür, wie diese verschiedenen Elemente ineinandergreifen und sich gegenseitig ergänzen. Führung ist kein linearer Prozess, bei dem ein Ansatz für alle Szenarien geeignet ist. Sie ist ein komplexes Geflecht aus miteinander verbundenen Komponenten, die sich an die sich ständig verändernde Landschaft der Teamdynamik, der organisatorischen Ziele und der externen Einflüsse anpassen.

Nehmen wir zum Beispiel die Führungsstile Adaptiv und Transformational. Ein adaptiver Führungsstil ist von unschätzbarem Wert in Krisensituationen, in denen eine schnelle Entscheidungsfindung entscheidend ist. Der transformatorische Aspekt hingegen kommt zum Tragen, wenn die Krise abgeklungen ist und das Team dazu inspiriert werden muss, sich auf eine neue Vision hinzubewegen oder sich an eine neue Normalität anzupassen. Die beiden Stile schließen sich nicht gegenseitig aus; sie sind zwei Seiten derselben Medaille und können im Repertoire einer Führungskraft nebeneinander bestehen und je nach Situation abgerufen werden. Die gleichen Zusammenhänge gelten auch für Strategien zur Teambildung. Die Schaffung eines psychologisch sicheren Umfelds ist eng mit demokratischer Führung verbunden, bei der die Stimme jedes Teammitglieds geschätzt wird. Dieser demokratische Aufbau fördert die Offenheit, was wiederum die psychologische Sicherheit erhöht. Wenn sich Teammitglieder sicher fühlen, sind sie eher motiviert, was wiederum mit der Notwendigkeit wirksamer Belohnungssysteme zusammenhängt. Ein ausgewogenes Belohnungssystem kann sich wiederum erheblich auf die Teamdynamik auswirken, indem es die Dramatik am Arbeitsplatz verringert und den Umgang mit bürointernen Problemen erleichtert.

Die berufliche Entwicklung ist ein weiterer Bereich, in dem die Verflechtung der Führungselemente offensichtlich ist. Die Verpflichtung zu ständigem Lernen ist angesichts des sich schnell verändernden Umfelds ein wesentlicher Bestandteil einer adaptiven Führungskraft. In ähnlicher Weise fungieren transformationale Führungskräfte oft als Mentoren, die die berufliche Entwicklung ihrer Teammitglieder fördern, was wiederum mit der Vorbereitung auf vertikale Karriereschritte zusammenhängt.

Und dann ist da noch der Aspekt der emotionalen Intelligenz, der sich durch jeden Stil, jede Fähigkeit und jede Strategie zieht. Ganz gleich, ob Sie versuchen, Allianzen aufzubauen oder ein Drama in der Büropolitik zu vermeiden, ein hohes Maß an emotionaler Intelligenz kann Ihnen helfen, den Raum zu lesen, die zugrunde liegende Dynamik zu verstehen und angemessen zu reagieren. Sie ist der Dreh- und Angelpunkt, der andere Führungskomponenten zusammenhält und ein differenzierteres und effektiveres Führungsverhalten ermöglicht.

Im Grunde ist der Bereich der effektiven Führung ein kompliziertes Geflecht von miteinander verbundenen Stilen, Fähigkeiten und Strategien, die sich gegenseitig ergänzen und verstärken. Wenn man eines dieser Elemente isoliert und versucht, es im luftleeren Raum zu meistern, könnte dies zu einem unausgewogenen Ansatz führen. Die wahre Kunst der Führung liegt darin, diese Zusammenhänge zu verstehen und sie auf harmonische Weise zu nutzen, um Ihre Ziele zu erreichen, die Bedürfnisse Ihres Teams zu erfüllen und zu den Zielen Ihres Unternehmens beizutragen.

Die Führungslandschaft verändert sich ständig, beeinflusst von gesellschaftlichen Veränderungen, technologischen Fortschritten und neuen Erkenntnissen der Organisationspsychologie. Für Führungskräfte, insbesondere für diejenigen an der Front, ist es keine Option, statisch zu bleiben. Führungskräfte an vorderster Front sind oft die ersten, die mit den Auswirkungen von Veränderungen im Verbraucherverhalten, in der Teamdynamik und in der Unternehmensstrategie konfrontiert werden, was Anpassungsfähigkeit und kontinuierliches Lernen nicht nur zu wertvollen, sondern auch zu wesentlichen Eigenschaften macht.

Anpassungsfähigkeit ermöglicht es Führungskräften, sich schnell und effizient auf neue Bedingungen einzustellen. Ganz gleich, ob es sich um eine plötzliche Veränderung der Marktbedingungen, eine Änderung der Unternehmensstrategie oder eine unerwartete Herausforderung innerhalb des Teams handelt, die Anpassungsfähigkeit stellt sicher, dass Führungskräfte mit Unsicherheiten umgehen und gut informierte Entscheidungen treffen können. Dies ist besonders wichtig für Führungskräfte an vorderster Front, die näher am Geschehen sind und möglicherweise nicht über den zeitlichen Puffer oder die Hierarchie verfügen, um die Auswirkungen schneller Veränderungen zu verlangsamen. Bei der Anpassungsfähigkeit geht es nicht nur ums Überleben, sondern auch um das Gedeihen in einem Zustand des Wandels.

Kontinuierliches Lernen ergänzt die Anpassungsfähigkeit. Indem sie sich über neue Führungstheorien, -instrumente und -technologien auf dem Laufenden halten, können sich Führungskräfte nicht nur an Veränderungen anpassen, sondern diese auch vorwegnehmen. Diese Proaktivität kann einen Wettbewerbsvorteil darstellen, da sie es den Führungskräften und ihren Teams ermöglicht, der Zeit immer einen Schritt voraus zu sein. Kontinuierliches Lernen kann verschiedene Formen annehmen: die Lektüre der neuesten Literatur, die Teilnahme an Workshops und Seminaren, die Vernetzung mit Kollegen aus verschiedenen Branchen oder auch informelle Mentorenschaft. Das Ziel besteht darin, die eigenen Fähigkeiten und Strategien ständig zu erweitern, um für alle anstehenden Herausforderungen besser gerüstet zu sein. Eine Führungskraft, die sich mit der neuesten Projektmanagement-Software auskennt, kann zum Beispiel die Abläufe effizienter gestalten, während die Kenntnis neuer Theorien zur emotionalen Intelligenz den Zusammenhalt im Team verbessern kann. Die Kenntnis der neuesten Trends im Verbraucherverhalten kann Führungskräften helfen, Strategien in Echtzeit anzupassen, was sich positiv auf die Organisation auswirkt. Dieser schrittweise Zuwachs an Wissen und Fähigkeiten kann sich zu erheblichen Vorteilen für das Team und das Unternehmen insgesamt summieren.

Aber das Streben nach Lernen sollte keine einsame Reise sein. Eine echte Führungspersönlichkeit fördert eine Kultur des Lernens im Team und ermutigt die Mitglieder, ihre Fähigkeiten zu verbessern und sich über Branchentrends auf dem Laufenden zu halten. Dadurch wird nicht nur die kollektive Anpassungsfähigkeit des Teams gestärkt, sondern auch ein Umfeld geschaffen, in dem kontinuierliche Verbesserung die

Norm ist. Die Synergie zwischen Anpassungsfähigkeit und Lernkultur kann den Unterschied ausmachen zwischen einem Team, das lediglich auf Veränderungen reagiert, und einem Team, das in der Lage ist, den Wandel für sein Wachstum zu nutzen.

Im dynamischen Bereich der Führung ist es nicht nur eine gute Praxis, sich auf zukünftige Herausforderungen und Chancen vorzubereiten - es ist eine Notwendigkeit für langfristigen Erfolg. Als Führungskraft an vorderster Front ist man ständig wechselnden Variablen ausgesetzt, von schwankenden Markttrends bis hin zu Veränderungen in der Teamdynamik. Diese Elemente sind oft unvorhersehbar, bieten aber auch Chancen für Innovationen, Verbesserungen und herausragende Leistungen. Auf diese Unwägbarkeiten vorbereitet zu sein, bedeutet, dass Sie Ihre Fähigkeiten ständig verfeinern, Ihr Instrumentarium erweitern und den Horizont im Auge behalten, was als Nächstes kommen könnte.

Bereitschaft bedeutet nicht, dass man jetzt alle Antworten hat, sondern dass man in der Lage ist, sie zu finden, wenn es nötig ist. Es geht darum, eine Denkweise zu fördern, die Bescheidenheit mit Neugierde verbindet. Erkennen Sie an, was Sie nicht wissen, und unternehmen Sie proaktiv Schritte, um es zu lernen. Durch dieses kontinuierliche Engagement für die Vorbereitung sind Sie in der Lage, Chancen zu ergreifen, die andere vielleicht verpassen, und Herausforderungen mit einem Maß an Finesse zu meistern, das nur durch eine gute Vorbereitung erreicht werden kann.

Führung geht über die Mauern des Büros oder die Grenzen der beruflichen Verantwortung hinaus. Es geht dabei ebenso sehr um persönliches Wachstum wie um das Erklimmen der Karriereleiter. Wenn Sie in sich selbst investieren, geht es nicht nur darum, neue Fähigkeiten oder Zertifizierungen zu erwerben, sondern auch darum, die Work-Life-Balance und das allgemeine Wohlbefinden zu fördern. Schließlich sind die besten Führungskräfte nicht nur kompetente Fachleute, sondern vielseitige Persönlichkeiten.

Eine ausgewogene Work-Life-Balance ist kein Luxus, sondern eine Notwendigkeit für nachhaltige Spitzenleistungen in der

Führung. Burnout ist ein echtes Risiko für Führungskräfte, die keine Grenzen setzen, und es kann sich negativ auf die Entscheidungsfindung, die emotionale Intelligenz und die Fähigkeit, andere zu inspirieren, auswirken. Das persönliche Wohlbefinden - sowohl geistig als auch körperlich - bildet die Grundlage für Ihre beruflichen Fähigkeiten. Einfache Gewohnheiten wie regelmäßige Bewegung, ausreichender Schlaf und achtsame Entspannung verbessern nicht nur Ihre Lebensqualität, sondern auch Ihre Effizienz als Führungskraft.

Zum Abschluss dieser Erkundungstour durch die facettenreiche Welt der Führung, insbesondere aus der Sicht der Frontline-Rollen, ist es wichtig, sich daran zu erinnern, dass Führung kein Ziel, sondern eine fortwährende Reise ist. Es handelt sich um einen fortlaufenden Prozess, der eine Verpflichtung zu kontinuierlichem Wachstum, Lernen und Anpassung erfordert. Genauso wie Unternehmen sich weiterentwickeln müssen, um neue Herausforderungen zu meistern und neue Chancen zu nutzen, müssen dies auch ihre Führungskräfte tun.

In den verschiedenen Kapiteln haben wir verschiedene Führungsstile analysiert, uns mit den Mechanismen der Teambildung befasst, die entscheidende Rolle der Büropolitik untersucht und sogar den Weg zu höheren Führungspositionen erwogen. Keines dieser Elemente steht jedoch für sich allein; sie sind miteinander verbundene Komponenten einer effektiven Führung. Ein Stil kann in einer bestimmten Situation effektiv sein, während ein anderer für eine andere Herausforderung besser geeignet sein könnte. Teams sind dynamisch, und Politik ist unausweichlich. Ihre Reise auf der Führungsleiter wird wahrscheinlich sowohl mit Hürden als auch mit Siegen, lehrreichen Momenten und triumphalen Meilensteinen gefüllt sein.

Anpassungsfähigkeit ist der Eckpfeiler einer effektiven Führung. Die Fähigkeit, Ihren Stil an die jeweiligen Umstände anzupassen, aus jedem Erfolg und jedem Misserfolg Erkenntnisse zu gewinnen und bei der Entscheidungsfindung flink zu sein, wird Sie auszeichnen. In einer Welt, die sich aufgrund des technologischen

Fortschritts, soziopolitischer Veränderungen und wirtschaftlicher Veränderungen ständig wandelt, ist Anpassungsfähigkeit mehr als nur eine wünschenswerte Eigenschaft; sie ist eine notwendige Fähigkeit für das Überleben und den Erfolg.

Darüber hinaus werden Sie durch die Verpflichtung zum kontinuierlichen Lernen mit neuen Theorien, Techniken und Instrumenten vertraut gemacht, die Ihnen in Ihrer Führungsrolle von Nutzen sein könnten. Ganz gleich, ob es sich um neue Forschungsergebnisse zur emotionalen Intelligenz, eine revolutionäre Teambuilding-Übung oder innovative Projektmanagement-Tools handelt - informiert zu bleiben und offen für neue Ideen zu sein, ist ein Markenzeichen einer außergewöhnlichen Führungskraft.

Aber es geht nicht nur um die berufliche Entwicklung, sondern auch um die persönliche Entwicklung. Wenn Sie Ihr Berufs- und Privatleben in Einklang bringen, für Ihr Wohlbefinden sorgen und Ihre anderen Interessen pflegen, werden Sie zu einem vielseitigeren Menschen und damit auch zu einer effektiveren Führungskraft. Persönliches und berufliches Wachstum sind zwei Seiten derselben Medaille; wer sich in einem Bereich auszeichnet, bereichert den anderen.

Letztendlich ist der Weg der Führung kurvenreich, voller Herausforderungen und Chancen, aber es ist eine Reise, die es wert ist, angetreten zu werden. Mit den Fähigkeiten, Strategien und Philosophien, die in diesem Buch besprochen werden, sind Sie besser gerüstet, um das komplexe, aber lohnende Terrain der Führung zu meistern, egal ob Sie an der Front oder in einem Eckbüro führen.

Führung ist ein lebenslanges Unterfangen. Es gibt keine Abkürzungen, keine Endziele, sondern nur ständiges Lernen und unendliches Wachstum. Die Welt braucht heute mehr denn je kompetente, einfühlsame und anpassungsfähige Führungskräfte. Sind Sie bereit, Ihre Reise fortzusetzen?

Ich danke Ihnen, dass Sie mich bei dieser Erkundung begleiten. Möge Ihre Reise als Führungskraft ebenso erfüllend wie endlos sein.

Referenzen

Adams, J. S. (1965). Inequity in Social Exchange. Advances in Experimental Social Psychology, 2, 267-299.

Avolio, B. J., & Bass, B. M. (1995). Individual consideration viewed at multiple levels of analysis: A multi-level framework for examining the diffusion of transformational leadership. The Leadership Quarterly, 6(2), 199-218.

Bandura, A. (1977). Social Learning Theory. General Learning Press.

Bass, B. M. (1990). Bass & Stogdill's Handbook of Leadership: Theory, Research, and Managerial Applications. Free Press.

Belbin, R. M. (2010). Management Teams: Why They Succeed or Fail (3rd ed.). Butterworth-Heinemann.

Blake, R. R., & Mouton, J. S. (1964). The Managerial Grid: The Key to Leadership Excellence. Houston: Gulf Publishing Co.

Brown, M. E., Treviño, L. K., & Harrison, D. A. (2005). Ethical leadership: A social learning perspective for construct development and testing. Organizational behavior and human decision processes, 97(2), 117-134.

Burns, J. M. (1978). Leadership. Harper & Row.

Covey, S. R. (1989). The Seven Habits of Highly Effective People. Free Press.

Csikszentmihalyi, M. (1990). Flow: The Psychology of Optimal Experience. Harper & Row.

Deci, E. L., & Ryan, R. M. (1985). Intrinsic Motivation and Self-Determination in Human Behavior. Plenum.

Drucker, P. F. (1993). The Effective Executive: The Definitive Guide to Getting the Right Things Done. HarperCollins.

Edmondson, A. (1999). Psychological Safety and Learning Behavior in Work Teams. Administrative Science Quarterly, 44(2), 350-383.

Fiedler, F. E. (1964). A Contingency Model of Leadership Effectiveness. Advances in Experimental Social Psychology, 1, 149-190.

Greenleaf, R. K. (1977). Servant Leadership: A Journey into the Nature of Legitimate Power and Greatness. Paulist Press.

Goleman, D. (1995). Emotional Intelligence. Bantam Books.

Goleman, D. (2000). Leadership That Gets Results. Harvard Business Review, 78(2), 78-90.

Hackman, J. R., & Wageman, R. (2005). A theory of team coaching. Academy of Management Review, 30(2), 269-287.

Hersey, P., & Blanchard, K. H. (1969). Life cycle theory of leadership. Training & Development Journal.

Herzberg, F., Mausner, B., & Snyderman, B. B. (1959). The Motivation to Work. John Wiley & Sons.

Higgs, M., & Dulewicz, V. (2016). Leading with Emotional Intelligence. Palgrave Macmillan.

House, R. J., & Mitchell, T. R. (1974). Path-Goal Theory of Leadership. Contemporary Business, 3, 81-98.

House, R. J. (1996). Path-Goal Theory of Leadership: Lessons, Legacy, and a Reformulated Theory. Leadership Quarterly, 7(3), 323-352.

Kahneman, D. (2011). Thinking, Fast and Slow. Farrar, Straus and Giroux.

Kahneman, D., & Tversky, A. (1979). Prospect Theory: An Analysis of Decision under Risk. Econometrica, 47(2), 263-291.

Kotter, J. P. (1996). Leading Change. Harvard Business Press.

Lewin, K., Lippitt, R., & White, R. K. (1939). Patterns of Aggressive Behavior in Experimentally Created Social Climates. Journal of Social Psychology, 10(2), 271-299.

Locke, E. A., & Latham, G. P. (1990). A Theory of Goal Setting & Task Performance. Prentice-Hall.

Luthans, F., & Avolio, B. J. (2003). Authentic Leadership Development. Positive Organizational Scholarship, 241-261.

Maslow, A. H. (1943). A Theory of Human Motivation. Psychological Review, 50(4), 370-396.

McGregor, D. (1960). The Human Side of Enterprise. McGraw-Hill.

Mintzberg, H. (1973). The Nature of Managerial Work. Harper & Row.

Northouse, P. G. (2018). Leadership: Theory and Practice. Sage Publications.

Pink, D. H. (2009). Drive: The Surprising Truth About What Motivates Us. Riverhead Books.

Robbins, S. P., & Judge, T. A. (2018). Organizational Behavior. Pearson Education.

Schein, E. H. (2010). Organizational Culture and Leadership (4th ed.). Jossey-Bass.

Sinek, S. (2009). Start with Why: How Great Leaders Inspire Everyone to Take Action. Portfolio.

Tuckman, B. W. (1965). Developmental Sequence in Small Groups. Psychological Bulletin, 63(6), 384-399.

Wheelan, S. A. (2016). Creating Effective Teams: A Guide for Members and Leaders (5th ed.). Sage Publications.

Yukl, G. A. (1994). Leadership in Organizations. Prentice Hall.

Zenger, J. H., & Folkman, J. (2002). The Extraordinary Leader: Turning Good Managers into Great Leaders. McGraw-Hill.

www.ingramcontent.com/pod-product-compliance
Lightning Source LLC
Chambersburg PA
CBHW070922290526
45795CB00001B/387